Gewöhnliches **Greiskraut**

Kanadische **Goldrute**

Jakobs-**Greiskraut**

Gundermann

Kriechender **Hahnenfuß**

Hirtentäschel

Hohlzahn

Knäuel-**Hornkraut**

Kamille

Knoblauchsrauke

AF185325

DAS KOSMOS VERSPRECHEN

Mehr entdecken, mehr verstehen

Expertenwissen seit 1822

Welches Thema dich auch begeistert – auf unsere Expertise kannst du dich verlassen. Und das schon seit über 200 Jahren.

Unser Anspruch ist es, dich mit wertvollem Rat zu begleiten, dich zu inspirieren und deinen Horizont zu erweitern.

BEGEISTERUNG DURCH KOMPETENZ

Unsere Autorinnen und Autoren vereinen professionelles Know-how mit großer Leidenschaft für ihre Themen.

WISSEN, DAS DICH WEITERBRINGT

Leicht verständlich, lebensnah und informativ für dich auf den Punkt gebracht.

SACHVERSTAND, DEN MAN SEHEN KANN

Mit aussagestarken Fotos, Zeichnungen und Grafiken werden Inhalte besonders anschaulich aufbereitet.

QUALITÄT FÜR HEUTE UND MORGEN

Dafür sorgen langlebige Verarbeitung und ressourcenschonende Produktion.

Du hast noch Fragen oder Anregungen?
Dann schreibe uns: kosmos.de/servicecenter

WILD KRAUT AM PEL

Jutta Over

KOSMOS

Unterwegs mit dem GardenGuide

GardenGuide – Wissen

GardenGuide – Inspiration

In diesem Buch findet ihr Porträts der Wildkräuter, die sich häufig spontan in Gärten einfinden oder sogar von Anfang an vorhanden sind. Bei jeder Art gibt es Angaben zum typischen Erscheinungsbild, zum Boden und zum Nutzen für die Tierwelt. Außerdem erhaltet ihr Tipps, wie ihr diese Pflanze verwenden könnt oder wie ihr sie wieder loswerdet. Zur schnellen Orientierung ist jeder Pflanze eine **AMPELFARBE** zugeordnet.

Die Wildkräuter von A bis Z ab Seite 34

Schön, dass du da bist!

Dich behalte ich im Auge!

Für dich ist leider kein Platz hier!

GRÜN: Diese Pflanzen stellen eine Bereicherung dar, als Wildgemüse, als Bienenweide und meistens auch als Augenweide.

GELB: Diese Pflanzen stören nicht besonders, einige sind sogar in der Küche verwendbar. Im Auge behalten solltet ihr sie aber, damit sie mit der Zeit nicht überhandnehmen.

ROT: Das sind Problempflanzen, die gründlich entfernt werden sollten. Wichtig: In der Natur hat selbstverständlich jede Pflanze ihre Berechtigung. Alle Pflanzen mit grünen Blättern oder Stängeln binden Kohlendioxid, produzieren Sauerstoff, lockern mit ihren Wurzeln den Boden und bieten Kleintieren Nahrung und Lebensraum. Aber im begrenzten Raum des Gartens sollten allzu raumgreifende Arten rechtzeitig zurückgedrängt werden.

HINWEIS Je nach Boden, Klima und Bewirtschaftung kann es Abweichungen von der hier vorgenommenen Einschätzung geben. Eine „Rote-Ampel-Pflanze" ist auf einem mageren, kalkhaltigen Boden möglicherweise weniger raumgreifend. Dagegen kann eine hier als „gelb" oder „grün" eingestufte Art unter bestimmten Bedingungen lästig werden. Die besondere Dynamik eines Gartens zu begreifen und sanft zu lenken, darin liegt das Spannende bei der Beschäftigung mit dem eigenen kleinen Paradies.

Fördern, dulden oder jäten?

HUMMELN, BIENEN UND SCHMETTERLINGE sollen in eurem Garten satt werden und ihr habt gehört, dass Wildkräuter dazu einen wichtigen Beitrag leisten können?

DER LIEGESTUHL ist euer Lieblingsplatz und ihr habt keine Lust, für jeden wilden Keimling aufzuspringen und mit dem Ausstecher auf die kleine Pflanze loszugehen?

GÄNSEBLÜMCHEN IM RASEN findet ihr total schön und könntet euch vorstellen, daraus eine leckere – und vitaminreiche! – Suppe zu kochen? Super, dann ist dieses Buch genau das Richtige für euch. Hier bekommt ihr Tipps, wo ihr der Natur im Garten mehr Raum lassen könnt, ohne dass euch das wilde Kraut über den Kopf und vor allem über Staudenbeete und Gemüsepflanzen wächst.

Der Trick: Gelassen und neugierig bleiben

Zeigt sich ein unbekanntes Pflänzchen im Garten, das ihr garantiert nicht selbst gepflanzt oder ausgesät habt – erst einmal tief durchatmen! Es könnte das Kind einer Glockenblume sein, die ihr im letzten Jahr vom Staudentausch mitgebracht habt. Oder ein Wiesenschaumkraut von der Wiese hinterm Gartenzaun, über das sich der Aurorafalter freut. Also erst einmal beobachten, was unser Lebensraum Garten so alles in seiner Spontanität und seinem Einfallsreichtum hervorbringt. Und genau hinschauen, was für ein Pflänzchen sich da eigentlich ins Leben kämpft. Die meisten Wildkräuter, die sich spontan in Gärten ansiedeln, haben weder tiefe Wurzeln noch lange Ausläufer. Sie lassen sich leicht entfernen, wenn sie stören. Nur bei ganz wenigen steht die Ampel auf Rot. Das heißt: Hier solltet ihr gründlich bei der Entfernung vorgehen und die Stelle weiterhin beobachten, damit es kein aussichtsloser Kampf wird.

Ehrenpreisblüte mit Besucher

Die Taktik, erst einmal zu beobachten, was kommt, hat noch einen weiteren Vorteil: Viele Kräuter geben euch wertvolle Hinweise auf den Zustand eures Gartenbodens. Ist er verdichtet oder zu sauer? Sind genug Nährstoffe im Boden oder sogar schon zu viel? Mit dieser Information könnt ihr gezielt Bodenverbesserungen durchführen – mit dem Ergebnis, dass das eine oder andere unerwünschte Wildkraut in Zukunft von selbst wegbleibt. Und zuletzt die beste Nachricht: Viele Allerweltskräuter gelten als ausgesprochenes Superfood – sie enthalten eine geballte Ladung an Vitaminen und Mineralstoffen (siehe S. 17 ff.). Und sind völlig kostenlos!

Das werden Schwarze Königskerzen.

Kleine Schönheit: Gänseblümchen

Willkommen in der Welt der wilden Kräuter

Mit der „Wildkrautampel" habt ihr eine schnelle Orientierung an der Hand, welche Wildkräuter ...

- eine Bereicherung für den Garten darstellen, 🟢
- Pluspunkte haben, aber nicht überhand nehmen sollten 🟡 oder
- im Garten einfach nichts zu suchen haben. 🔴 Mehr dazu auf Seite 22.

Dabei geht es um Arten, die sich häufig und spontan in Gärten einfinden. In der freien Landschaft, in anderen Ländern oder in botanischen Gärten könnt ihr weitere, teils ähnliche Arten entdecken. Aber das sind so viele, dass sie nicht in dieses Buch passen.

Die Größe ist relativ

Wuchshöhen haben wir in diesem Buch nur angegeben, wenn es sich um ausgesprochene Riesen oder Zwerge handelt. Ansonsten variieren die anpassungsfähigen Garten- und Ackerwildkräuter stark in ihrem Wachstum.

PFLANZEN BESTIMMEN LEICHT GEMACHT

Auf Seite 140 findet ihr Empfehlungen für gute Bestimmungsbücher und Apps, mit denen ihr weiter auf Entdeckungstour gehen könnt. Bei der Pflanzenbestimmung, besonders mit Apps, kann es wichtig sein, dass ihr euch die ganze Pflanze anschaut, auch die untersten Blätter, die anders gestaltet sein können. Manchmal helfen reife Samen oder Früchte für die eindeutige Bestimmung. Mit der Zeit werdet ihr zudem einen Blick für die Besonderheiten einzelner Pflanzenfamilien bekommen – dazu gibt es eine kleine Einführung auf den Seiten 30 bis 33.

Acker-Kratzdistel

Die Acker-Kratzdistel etwa stellt bei Trockenheit oder Nährstoffmangel schon nach 30 cm das Wachstum ein, während sie es sonst locker auf 1,50 m bringt.

Wildkräuter für die Küche

Zur Verwendung der einzelnen Arten in der Küche sind jeweils nur Stichworte aufgeführt. Bei einigen Wildpflanzen sind die Verwendungsmöglichkeiten wesentlich vielfältiger. Teilweise lassen sich auch die Samen oder Wurzeln nutzen, was allerdings recht aufwendig sein kann und oft schon in Survival-Training ausartet. Probiert doch erst einmal die Rezepte auf Seite 48/49, mit denen ich in Workshops schon tolle Menüs zubereitet habe. Da bekommt ihr sicher Lust auf mehr. Und wer dann tiefer einsteigen möchte, findet Rezepte in speziellen Wildkräuterkochbüchern.

Schafskäse mit Gänseblümchen, Bärlauch und Gundermann

Wundpflaster der Natur

EINE HANDVOLL GUTER GARTENERDE enthält so viele Kleinstlebewesen wie Menschen auf diesem Erdball leben, heißt es. Eine unvorstellbare Menge – nur möglich, wenn winzige Milben, mikroskopisch kleine Bakterien und Pilze mitgezählt werden. Dieses Leben tummelt sich in den oberen Zentimetern des Bodens. Dort findet der Abbau organischer Stoffe statt. Laub, abgefallene Blütenblätter und andere welke Pflanzenteile werden nach und nach zersetzt. Die Natur kennt keinen Abfall und die Bodenlebewesen sind im Prinzip das weltgrößte Recyclingunternehmen. Die Abbauprodukte, in denen wertvolle Nährstoffe enthalten sind, werden von Regenwürmern mit dem darunter liegenden Mineralboden vermischt. So entsteht die typische Krümelstruktur des Humusbodens, die beste Vorraussetzung für das Gedeihen von Obst, Gemüse und Blumen. Die Bodenorganismen benötigen für ihre wichtige Arbeit gute Bedingungen. Wenn der Boden immer wieder ungeschützt den Witterungseinflüssen ausgesetzt wird, etwa durch häufiges Harken und Hacken, trocknet er in der Sonne aus und der Humus mitsamt den Bodentierchen wird vom Wind abgetragen oder vom nächsten Starkregen fortgeschwemmt. Kahler Boden ist eine Angriffsstelle, eine Wunde für

Pfennigkraut, ein perfekter Bodendecker

Gemüsegarten mit Laubmulch

die Natur. Und da kommen die sogenannten Unkräuter ins Spiel: Einjährige Kräuter, die viele Samen bilden und schnell keimen, bedecken solche kahlen Bodenstellen in wenigen Wochen. Sie sind eine Art Wundverschluss, eine vorübergehende Not-maßnahme der Natur. Es handelt sich dabei um kurz-lebige Pionierpflanzen, die keine dauerhaften Bestände bilden. Greift der Mensch nicht ein, werden sie mit der Zeit von ausdauernden Wildstauden oder sogar von Gehölzen verdrängt.

Wenn ihr in eurem Garten die Ansiedlung von „Unkraut" verhindern, aber gleichzeitig die Bodenfruchtbarkeit bewahren möchtet, ist es am besten, den Boden immer bedeckt zu halten. Dazu eignen sich Laub, Rinden-mulch, bodendeckende Pflanzen wie Pfennigkraut und Immergrün oder eine schöne, dicht wachsende, bunte Staudengesellschaft.

Die sogenannten Unkräuter, wie hier die Vogelmiere, sind Pionier-pflanzen und ein wichtiger Schutz für unsere Böden.

Was Wildkräuter über den Boden erzählen

Auf stickstoffreichen Böden wächst die Knoblauchsrauke.

Aurorafalter

GENÜGSAM ODER ANSPRUCHSVOLL? Jedes Lebewesen hat bestimmte Ansprüche an seine Umwelt, keine Pflanze ist zufällig an einem Ort. Dabei gibt es empfindsame Diven, denen kaum ein Platz gut genug ist, und Vagabunden, die mit fast jedem Standort vorliebnehmen. Torfmoose etwa wachsen nur auf nassem Torf, das Wasser sollte etwa so sauer sein wie Essigsäure. Wird der Boden trocken gelegt und gedüngt, gehen sie ein. Weit verbreitete, häufige Kräuter wie die Schafgarbe dagegen sind anspruchslos und kommen auf vielen Böden zurecht.

Anders herum könnt ihr aus der Anwesenheit bestimmter Pflanzen, die in eurem Garten besonders häufig auftreten, Schlüsse auf die Bodenbeschaffenheit ziehen. Brennnesseln, Giersch und Knoblauchsrauke stehen für einen hohen Stickstoffgehalt. Die Vogelmiere liebt lockeren

Acker-Schachtelhalm wächst auf verdichteten und herbizid-belasteten Böden.

Humusboden, während Schachtelhalme sich gern dort ausbreiten, wo der Boden verdichtet ist. Und der Kleine Sauerampfer heißt nicht nur so, sondern er liebt auch saure Böden. Solche Pflanzen, die typisch für bestimmte Bodeneigenschaften sind, werden Zeigerpflanzen genannt.

Bodenprobe

Noch mehr Informationen über euren Gartenboden bekommt ihr durch eine Bodenanalyse, die ihr bei verschiedenen Labordiensten in Auftrag geben könnt (siehe S. 140). Das kann hilfreich sein, wenn in bestimmten Bereichen des Gartens einfach gar nichts wachsen will oder sich immer wieder bestimmte Krankheiten und Mangelerscheinungen zeigen. In vielen Fällen geben euch aber die Pflanzen, die sich in eurem Garten von allein ansiedeln, bereits wertvolle Hinweise.

BODENTYPEN

In jedem Pflanzenporträt ist ein Hinweis zum Boden zu finden. In die Garten-Tipps sind diese Erkenntnisse mit eingeflossen.

Bodenprobe

Kostenlose Kost

GRÜNE GEMÜSE UND ESSBARE WILDKRÄUTER sind allgemein wichtige Lieferanten von Provitamin A, Vitamin B und C sowie Mangan und Magnesium. Außerdem enthalten sie eine Reihe von sekundären Pflanzenstoffen, die appetitanregend und verdauungsfördernd wirken. Einige dieser Stoffe sind zudem blutdrucksenkend, entzündungshemmend, haben einen positiven Einfluss auf unser Gehirn oder wirken sogar leicht antibiotisch. Aufgrund dieser Erkenntnisse gibt uns die Verbraucherzentrale den Tipp: „Essen Sie möglichst farbig!" Da sind Blüten und Blätter essbarer Wildkräuter genau die richtige Wahl – besonders wenn sie im eigenen Garten zur Verfügung stehen.

Von der Urform zum transportfähigen Gemüse

Wildpflanzen gehören seit jeher zur menschlichen Ernährung. Die Urformen von Möhren und Pastinaken wachsen massenhaft an Bahngleisen.

AUS DER FORSCHUNG: SIRTUINE

Noch relativ neu ist die Erkenntnis, dass sekundäre Pflanzenstoffe im menschlichen Körper die sogenannten Sirtuine aktivieren. Diese Gruppe von Enzymen kann Schäden im Erbgut der Zellen reparieren und den Zellalterungsprozess verlangsamen. Die aus diesem Wissen entwickelte „Sirtfood-Diät" liegt gerade im Trend. Wichtigster Bestandteil sind grüne Smoothies (siehe S. 122/123) – ein perfektes Einsatzgebiet für essbare Wildkräuter.

Wilde Möhre, die Urform unserer Karotte

Sogar den Kohl gibt es noch wild – als Meerkohl an europäischen Küsten.
Und aus der himmelblau blühenden Wegwarte wurden gleich drei Kulturgemüse gezüchtet: Chicorée, Endiviensalat und Zichorie.

Quantität statt Qualität

Um das Gemüse haltbarer und damit transportfähig zu machen, hat die
Züchtung sich auf Sorten konzentriert, die viel Festigungsgewebe und
Wasser enthalten. Denn Sauerampfer- oder Löwenzahnblätter lassen sich
kaum weite Strecken mit dem LKW transportieren, dann beim Großhänd-
ler lagern und schließlich noch im Supermarkt ein paar Tage lang anbieten.
Die Auslese ging allerdings auf Kosten der Vitamine und Mineralstoffe, die
regelrecht ausgedünnt wurden.

Alles essbar: Löwenzahn, Gänseblümchen, Gundermann,
Schaumkraut und vieles mehr.

Besonders eklatant ist der Unterschied beim Vitamin C. Da fangen die
Wildkräuter an, wo die Kulturgemüse aufhören, so ergab es eine Unter-
suchung von Prof. Dr. Wolfgang Franke von der Universität Bonn. Einige
Beispiele seht ihr in der Tabelle. Ähnlich sahen die Ergebnisse beim
Provitamin A und bei den Mineralstoffen Kalium, Magnesium, Calcium,
Phosphor und Eisen aus.

Brennnessel-Smoothie mit Gierschblüten

Vitamin C: Vogelmiere schlägt Kopfsalat.

PFLANZE	VITAMIN-C-GEHALT*
Gemüse	
Endiviensalat	10 mg
Kopfsalat	13 mg
Feldsalat	35 mg
Wirsing	45 mg
Spinat	52 mg
Blumenkohl	73 mg
Grünkohl	105 mg
Brokkoli	114 mg
Wildpflanzen	
Vogelmiere	115 mg
Löwenzahn	115 mg
Sauerampfer	117 mg
Knopfkraut, Franzosenkraut	125 mg
Giersch	201 mg
Große Brennnessel	333 mg
Weißer Gänsefuß	236 mg
Schmalblättriges Weidenröschen	351 mg

* in mg/100 g essbarem Anteil (aus Franke, Wolfram: Wildgemüse, AID Verbraucherdienst).

FAZIT

Wildkräuter sind Superfood. Sie bringen nicht nur Farbe, sondern auch Vitalstoffe auf den Tisch. Die perfekte Ergänzung fürs Sandwich, die Salatbowl, die Kartoffelsuppe oder den Nudelauflauf.

Invasion hinterm Gartenzaun

REIN ODER RAUS? Es gibt Wildpflanzen, bei denen wir uns freuen, wenn sie in den Garten **hinein**kommen und solche, die besser draußen bleiben. Es gibt aber auch Pflanzen, die auf keinen Fall aus dem Garten **hinaus** sollten. Pflanzen werden seit Jahrhunderten von Menschen rund um den Globus verbreitet. Viele Arten wurden bewusst als Nutz- oder Gartenpflanzen nach Europa eingeführt. Andere sind als blinde Passagiere auf Containerschiffen, an Schuhsohlen oder Autoreifen zu uns gekommen.

Insgesamt wachsen inzwischen über 2.400 solcher pflanzlichen Einwanderer in Deutschland in freier Natur. Die allermeisten von ihnen stellen aus Sicht des Naturschutzes kein Problem dar. Einige dieser gebietsfremden Arten, die sogenannten Neophyten, sind allerdings besonders wuchskräftig und haben bei uns so wenig Konkurrenz, dass sie heimische Pflanzengesellschaften verdrängen können. Sie bekommen daher sozusagen ganz offiziell die „Rote Ampel". Die heißt in diesem Fall „Schwarze Liste" und wurde von der EU zusammengestellt. Derzeit enthält sie 38 Arten, die sicher als invasiv gelten. Bei 42 Arten werden noch Untersuchungen durchgeführt, ob eine Gefährdung der heimischen Pflanzenwelt tatsächlich gegeben ist.

Einige häufige invasive Arten, die in Gärten auftreten können, werden im Porträtteil ausführlich vorgestellt:

- Silber-Goldnessel → S. 64
- Kanadische Goldrute → S. 68
- Staudenknöterich → S. 92
- Wunderlauch → S. 136

Für alle diese Arten gilt ganz besonders: Auf keinen Fall mit dem Gartenabfall in der freien Natur entsorgen!

Gartenabfälle gehören nicht an den Waldrand und nicht auf das nächste

Brasilianisches Tausendblatt

unbebaute Grundstück. „Aber die werden doch natürlich abgebaut",
denken sich viele. Wenn ihr genau hinschaut, seht ihr allerdings in vielen
Waldstückchen in Siedlungsnähe faulende Haufen und auch Brennnessel-
dickichte an Stellen, wo vorher vielleicht Farne, wilde Glockenblumen oder
Heidekraut wuchsen. Durch die Gartenabfälle wird sehr viel Stickstoff
eingetragen, die heimische Vegetation wird erstickt und manchmal breiten
sich sogar invasive Pflanzen aus. Diese Art der Entsorgung kann sogar als
Ordnungswidrigkeit geahndet werden. Ich stelle euch auf Seite 22/23 bessere Möglichkeiten vor, das ungeliebte Grünzeug loszuwerden.
Hier noch drei weitere Neophyten, die nicht in die Natur gelangen sollten:

Macht Gräben dicht

Das Brasilianische Tausendblatt *(Myriophyllum aquaticum)* gerät immer
wieder aus Aquarien oder Gartenteichen in die Natur. Ein kleiner Trieb
genügt schon, um ein Regenrückhaltebecken oder einen Graben innerhalb
weniger Jahre zu verstopfen. Libellen, Frösche und andere Wassertiere
finden keine offenen Wasserflächen mehr vor. Neue Vorkommen bitte der
Naturschutzbehörde melden!

Schoten mit Samen

oben: Drüsiges Springkraut mit
Blüten und Kapselfrüchten

links: Drüsiges Springkraut,
kurz nach der Keimung

oben: Junge Herkulesstaude
unten: Blühende Herkulesstaude

Vorsicht, ätzend!

Bis zu 3 m hoch wird die Herkulesstaude (*Heracleum mantegazzianum*), auch als Riesen-Bärenklau bekannt. Sie stammt aus dem Kaukasus und ist aus Gärten heraus in die Natur entwischt. Die Inhaltsstoffe der Pflanze können in Verbindung mit Licht starke allergische Hautreaktionen auslösen. Nur mit Schutzkleidung roden!

Weitspringer mit Genusspotenzial

Aus dem Himalaya kam das Drüsige Springkraut (*Impatiens glandulifera*) als Zierpflanze nach Europa. Inzwischen ist es verwildert und verdrängt an Bachufern und in feuchten Wäldern die heimischen Pflanzen. Reife Schoten platzen bei Berührung auf und lassen die Samen meterweit springen. Die unreifen grünen und die reifen schwarzen Samen können roh oder gekocht wie Nüsschen verwendet werden.

Wie wird man das „Grüngut" los?

DER WORST CASE Nach einem Großeinsatz mit Unkrautstecher und Fugenkratzer liegt ein großer Haufen Wurzelausläufer von Giersch und Hahnenfuß auf dem Gartenweg. Daneben steht ein Eimer mit Disteln und Franzosenkraut, die leider schon Samen angesetzt hatten. Wohin jetzt damit?

Ab auf den Kompost damit!

Vielleicht wird es euch überraschen, aber dieser „Grünabfall" ist ein kostbares Gut. In seinem nächsten Leben als Kompost verbessert er Kübelpflanzenerde, bildet Düngerdepots in Hochbeeten oder lässt die Hecke wieder dichter wachsen. Wenn ihr selbst einen Komposthaufen betreibt, müssen allerdings einige Dinge beachtet werden, sonst wachsen die Ausläufer von Giersch und Co. munter weiter und das Franzosenkraut sprießt bald aus allen Blumenkästen.

Wurzelausläufer von Wildkräutern sollten zunächst getrocknet werden, dadurch verlieren sie ihre Wuchskraft. Einfach auf eine schwarze Folie oder eine Metallplatte an einen einigermaßen regengeschützten Ort legen und dort austrocknen lassen. Danach kann alles bedenkenlos auf den Kompost. Dauerregen und kein geschützter Platz vorhanden? Dann werden die mühsam entfernten Pflanzenteile in einen schwarzen Plastiksack gesperrt und verfaulen darin. Nicht schön, aber effektiv. Endstation ist ebenfalls der Kompost.

Samen von Wildkräutern gehen in einem gut geführten Komposthaufen kaputt, da dieser sich durch die Tätigkeit der Bodenorganismen stark genug aufheizt. Um das zu erreichen, setzt man den Kompost einmal im Jahr um. Viele Samen keimen durch den kurzen Lichteinfall aus und sterben dann im Kompost ab. Durch das Umsetzen kommt außerdem frische

Luft in den Haufen. Dadurch wird die Arbeit der zersetzenden Bakterien angeregt, der Kompost heizt sich von selbst auf und verbleibende Samen werden abgetötet.

Einen total unkrautfreien Komposthaufen gibt es wahrscheinlich nicht. Aber das Kompostieren im eigenen Garten ist die mit Abstand nachhaltigste Methode, denn so werden geschlossene Kreisläufe geschaffen, Transportkosten gespart und wertvolle nachwachsende Rohstoffe direkt genutzt. Und wenn euer Garten nicht gerade auf einer einsamen Insel im Pazifik liegt, kommen die wilden Samen ohnehin wieder von allen Seiten angeflogen oder werden von Ameisen, Vögeln oder im Fell eines Igels herbeigetragen, sodass es auf ein paar Überlebende aus dem Kompost nicht ankommt.

Jauche geht auch

Statt auf den Kompost könnt ihr unbeliebte Samenträger, Wurzelausläufer und Teile invasiver Pflanzen in ein großes, idealerweise schwarzes Gefäß geben und mit Wasser bedecken. Darin lässt man sie zwei bis drei Wochen vergären, bis es richtig streng riecht. Ab und zu umrühren und etwas

„Unkraut" auf den Kompost? Mit ein paar Tricks ist das immer noch die beste Lösung.

Disteln lassen sich wegen ihrer Pfahlwurzeln nur schwer entfernen.

Frisch angesetzte Brennnessel-Jauche

Bentonit dazugeben, dazu den Kübel mit einem Vlies abdecken, das hilft gegen den „Duft". Diese Methode ist todsicher und macht wenig Arbeit. Die 1:10 mit Wasser verdünnte Jauche kann direkt als Flüssigdünger im Garten eingesetzt werden. Wird Schachtelhalm mitvergoren, stärkt die darin enthaltene Kieselsäure zusätzlich die Pflanzen. Sie werden dann weniger von Blattläusen und anderen saugenden Insekten befallen. Besonders in trockenen Sommerwochen ist es auch sinnvoll, die Jauche auf den Komposthaufen zu gießen, denn dieser benötigt Feuchtigkeit.

Alternative: Biotonne

Wem die ganze Komposterei auf dem eigenen Grundstück zu aufwendig ist, kann das Grünzeug über die Biotonne entsorgen, die inzwischen in fast allen Regionen Deutschlands zur Verfügung steht. Zuständig für die Entsorgung sind in der Regel die Landkreise. Das Sammelgut durchläuft in einem Kompostwerk eine kontrollierte Fermentation, oft entsteht dabei Biogas, mit dem ein Blockheizkraftwerk betrieben wird. Der entstandene Kompost ist unkrautfrei, da er sich bei der Lagerung ausreichend erwärmt hat und alle Keime abgetötet wurden. In vielen Landkreisen könnt ihr dann das fertige Produkt beim Kompostwerk abholen. Ihr erhaltet dort für wenig Geld oder sogar kostenlos zertifizierte Komposterde für euren Garten. Wenn euer Landkreis noch keine Biotonne eingeführt hat, ist er verpflichtet, andere Möglichkeiten der Entsorgung anzubieten. Oft können Gartenabfälle bei einer Grünabfallannahmestelle oder direkt beim Kompostwerk abgegeben werden. In manchen Regionen erfolgt sogar mehrmals im Jahr die Abholung vor der Haustür.

Spannend sind die vielen privaten Initiativen, die sich inzwischen mit Kompostierung beschäftigen. So gibt es landwirtschaftliche Betriebe, die Grünabfall entgegennehmen, um ihn zu kompostieren oder dem Tierfutter beizumischen. Bei manchen Gärtnereien oder Gemeinschaftsgärten können ebenfalls pflanzliche Abfälle abgegeben werden. Erkundigt euch einfach mal bei eurem Landkreis, welche Möglichkeiten es gibt. Dort erfahrt ihr auch, was in die Biotonne darf und was nicht. In einigen Gegenden gibt es für Wurzelunkräuter und für Reste von invasiven Pflanzen spezielle Säcke oder Sammelcontainer, das ist aber die Ausnahme. Meistens dürfen alle Gartenabfälle unsortiert in dieselbe Tonne.

WICHTIG!

Eine Entsorgung von Gartenabfällen über den Restmüll ist in Deutschland nicht mehr erlaubt. Auch das Verbrennen ist inzwischen in den meisten Bundesländern verboten.

Unkrautvernichtungsmittel

Herbizide enthalten in der Regel Glyphosat oder ähnliche Stoffe. Von denen bleiben immer irgendwelche Abbauprodukte in der Natur zurück. Sie bedrohen nicht nur die Artenvielfalt, sondern reichern sich auch in der Nahrungskette an, bis sie schließlich auf dem eigenen Teller landen. Keine gute Idee! Lieber gelassen bleiben, mal über die eine oder andere Wildpflanze hinwegschauen und Bienen, Schmetterlingen und Käfern ein paar wilde Ecken überlassen.

Ein Garten ist weder Wald noch Wiese

WILDE WIESE Mit ein paar zarten Hälmchen fängt es an und in wenigen Sommerwochen verwandelt sich das Beet in eine wilde Wiese. Zwischen den Beetstauden und Gemüsesetzlingen verstreuen nämlich nicht nur Wildkräuter ihre Samen, auch Wildgräser lieben kahle Bodenstellen. Allerdings sind die meisten unserer Beetstauden keine Wiesenpflanzen. Sie vertragen es nicht, abgemäht zu werden und würden zwischen den verfilzten Gräsern langsam untergehen. Sind ausläufertreibende Gräser wie die Quecke dabei, ist auch das Jäten bald vergeblich. Dann muss irgendwann das ganze Beet umgegraben und neu bepflanzt werden. Die Gräser machen es uns aber insofern einfach, als wir ihre Namen in diesem Zusammenhang nicht lernen müssen. Vom winzigen Einjährigen Rispengras, das weltweit verbreitet ist und in jeder Pflasterritze keimt, bis zu höher wüchsigen Weidegräsern wie Rispengras, Honiggras oder Trespe – Wildgräser gehören nicht ins Beet.

GARTEN-TIPP

Grassämlinge regelmäßig aus den Beeten entfernen. Staudenbeete – mit Ausnahme von Mittelmeerkräutern und Steingartenpflanzen – im Herbst mit Laub bedecken, denn Gräser mögen keinen Schatten.

Hainbuche mit abweichenden Grundblättern

Ich glaub, ich steh im Wald!

In Mitteleuropa ist das natürliche Endstadium der Vegetation der Wald. Das heißt, überall, wo der Mensch lange Zeit nicht eingreift, entsteht irgendwann Wald. Zunächst kommen die Pionierpflanzen, die wir schon kennen, Wildkräuter, die massenhaft auf kahlem Boden keimen: Melden, Disteln, Hirtentäschel. Sie beginnen, den Boden oberflächlich zu durchwurzeln und zu befestigen. Bald können anspruchsvollere Stauden Fuß fassen: Rainfarn, Beifuß, Weidenröschen. Je nach Bodenqualität gesellen sich erste Gehölzsämlinge dazu. Birken kommen auf reinem Sandboden klar. Wenn der Boden nass ist, fühlen sich Erlen und Weiden sofort wohl. Wilde Brombeeren erobern ebenfalls sehr schnell brachliegendes Terrain. Zwischen ihren dornigen Ranken kann schließlich eine Eiche groß werden, ohne gleich von Rehen oder Kaninchen abgeknabbert zu werden. Sind die ersten Bäume erst einmal herangewachsen, beschatten sie das Gelände, sodass nur noch Farne, Moose und andere Waldbodenpflanzen eine Chance haben. Die Entwicklung zum Wald ist abgeschlossen.

Für den Garten bedeutet das: Eine waldähnliche Situation mit blühenden, fruchttragenden Sträuchern und Bäumen, schattenverträglichen Stauden (davon gibt es sehr viele, sehr schöne) und einer Laubbedeckung des Bodens ist als Gestaltungsvariante unübertroffen pflegeleicht. Hier müssen wir nur noch ab und zu ein paar Zweige zurückschneiden, mehr ist im Grunde nicht zu tun. Sogenanntes Unkraut versucht erst gar nicht, sich im

Schatten und in der dicken Laubschicht anzusiedeln, stattdessen bezaubern im Frühjahr Schneeglöckchen, Hasenglöckchen, Himmelschlüssel, Lenzrosen, Narzissen, Busch-Windröschen, Lerchensporn und Bärlauch. Im Sommer ist das Kleinklima herrlich im Halbschatten der Gehölze – ideal, um dort einen Sitzplatz einzurichten. Im Herbst können wir über das Farbenspiel des bunten Laubs staunen und etliche Früchte als Wildobst ernten. Und natürlich sind das ganze Jahr über Vögel und Insekten in einem solchen Blüten- und Fruchtgebüsch zu beobachten.

Außerhalb dieser Baum- und Strauchzone heißt es aber: Gehölzsämlinge entfernen! Denn ob Vogelbeere, Ahorn, Hainbuche oder Liguster: Ihre Beeren oder Nussfrüchtchen gelangen durch Vögel, Mäuse oder durch den Wind in die Beete, auch wenn diese bereits dicht bewachsen sind. Die Samen ruhen meist eine Weile dort, denn nur bei ausreichender, gleichmäßiger Feuchtigkeit können sie keimen. Irgendwann erscheint ein kleines Pflänzchen, oft mit Keimblättern, die dem späteren Laub gar nicht ähnlichsehen.

Da Gehölze einen gemächlicheren Lebenszyklus haben als einjährige Wildkräuter, ist keine übermäßige Eile geboten. Es reicht, zwei- bis dreimal im Jahr die Beete gründlich auf Gehölzsämlinge abzusuchen und diese zu entfernen. Manchmal möchte man erst abwarten, bis sich das Baum- oder Strauchbaby zu erkennen gibt. Vielleicht handelt es sich um ein Pfirsich-

Busch-Windröschen und Lerchensporn wachsen gern unter Bäumen.

Feuerdorn   Junge Hänge-Birke

bäumchen dieser frostharten regionalen Sorte, die in Nachbars Garten wächst, oder um eine schöne Wildrose, die sich an anderer Stelle gut machen würde. Dann wird der Sämling erst einmal in einen Topf gesetzt bis er kräftig genug ist und später an die passende Stelle verpflanzt. Wichtig ist nur, die Gehölze herauszuziehen, bevor sie eine kräftige Pfahlwurzel ausbilden oder sich zu sehr in umliegende Natursteine, den Gartenzaun oder die Wurzelballen andere Pflanzen krallen. Die Wurzelmasse der Gehölze ist nämlich meistens genauso groß oder sogar noch größer als die sichtbaren oberirdischen Teile.

Im Auge behalten solltet ihr auch die Wurzelausläufer einiger Gartengehölze. Insbesondere der Feuerdorn, ein herrlich blühender und fruchtender, schnittverträglicher Strauch, streckt seine dornigen Triebe gern mal in die angrenzenden Beete. Unmerklich dehnt er sein Territorium immer weiter aus, das Beet wird schmaler und schmaler. Er ist daher besser am Rand einer Rasenfläche aufgehoben. Gleiches gilt für wurzelechte Wildrosen sowie für Sanddorn, Flieder, Schlehe und Essigbaum.

Die grüne Verwandtschaft

EIN BISSCHEN BOTANIK In jedem Artporträt findet ihr unter dem botanischen Pflanzennamen eine Angabe zur Familie. Haben Pflanzen also Mütter, Großväter, Onkel, Tanten, Neffen und Nichten? So ungefähr. Um über die Vielfalt der Natur einen Überblick zu gewinnen, hat die Wissenschaft nach gemeinsamen Merkmalen gesucht und sämtliche Lebewesen in ein System von Arten, Gattungen, Familien, Ordnungen und Klassen eingeteilt. Dabei geht es nicht nur um äußerliche Ähnlichkeiten, sondern auch darum, welche Lebensformen sich während der Evolution zunächst gemeinsam entwickelt haben, bevor sie sich zu unterschiedlichen Arten differenzierten. Man versucht also, den Familienstammbaum der Lebewesen nachzuvollziehen.

Diese Einteilung hat ganz praktische Vorteile. Angenommen, ihr entdeckt im Garten eine Pflanze, die irgendwie, aber doch wieder nicht ganz wie ein Löwenzahn aussieht, dann handelt es sich wahrscheinlich um eine verwandte Art aus derselben Familie, also um einen Korbblütler. Damit seid ihr der Sache schon etwas nähergekommen. Und beim Einsatz von Bestimmungsbüchern oder Apps kann das hilfreich sein, um die möglichen Ergebnisse besser einzuordnen.

Die folgenden Familien werden euch im Garten immer wieder begegnen.

Korbblütler (*Asteraceae*)

Gänseblümchen, Margerite, Sonnenblume – das sind Blumen mit großer, runder Mitte und vielen Blütenblättern drum herum. Und nun kommt die Überraschung: Eine solche Blume besteht aus vielen winzigen Einzelblüten, die wie in einem Körbchen angeordnet sind. In der Botanik spricht man von Röhrenblüten – das sind die unauffälligen Blütchen in der Mitte – und von Zungenblüten, die zusätzlich ein längeres Blütenblatt haben und

Aufbau eines Blütenkörbchens vom Gänseblümchen

Blütenform eines klassischen Kreuzblütlers: Rucola

bei den oben genannten Beispielen nur am Rand des Körbchens stehen. Gegenbeispiel: Beim Löwenzahn haben alle Einzelblüten solche Zungen, daher gibt es keine flache Scheibe in der Mitte. Eine weitere Gemeinsamkeit der Korbblütler sind die Samen, die oft mit einem Haarschopf ausgestattet sind und vom Wind verbreitet werden – „Pusteblumen".

Kreuzblütler (*Brassicaceae*)

Das ist einfach zu merken: Kreuzblütler heißen so, weil ihre Blüten vier Blütenblätter haben, die kreuzförmig angeordnet sind. Die Früchte sind Schoten, die sich mit zwei Klappen öffnen. Oft sind schon die ersten Schoten reif, während die Pflanze im oberen Teil des Stängels noch weiter blüht. Zu dieser Familie gehören viele Gemüsearten.

Lippenblütler (*Lamiaceae*)

Wie schon der Name sagt, haben die Blüten eine Oberlippe und eine Unterlippe, die unterschiedlich gestaltet sind. Die Unterlippe kann zwei- oder dreilappig sein, oft ist sie gefleckt. Hummeln lassen sich darauf nieder und tauchen ihren Rüssel in die Blütenkronröhre ein, um Nektar zu trinken. Dabei werden sie mit dem Pollen bepudert. Die Blätter der Lippen-

Wiesen-Salbei

Kartäuser-Nelke

blütler sind gegenständig, sie stehen sich paarweise am Stängel gegenüber.
Zu dieser Familie gehören viele aromatische Küchenkräuter.

Nelkengewächse *(Caryophyllaceae)*

Ihre Blüten haben fünf Blütenblätter, die oft gespalten sind, sodass es
aussieht, als wären es zehn. Die einfachen, oft länglichen, kleinen Blätter
sind gegenständig. Die Frucht ist eine Kapsel, die sich mit feinen Zähn-
chen öffnet.

Doldenblütler *(Umbelliferae)*

Hier sind die Blüten in einem wunderschönen, symmetrischen Blütenstand angeordnet, in einer Doppeldolde. Viele kleine Stiele gehen von
einem Punkt aus. Am Ende jedes Stiels
sitzt noch einmal ein Bündel feiner Stielchen mit den Einzelblüten. Von Weitem
sehen die Blütenstände schirmartig aus,
meist sind die Blüten weiß oder gelb. Die
Blätter sind einfach oder doppelt gefiedert,
oft auch ganz fein zerteilt. Das aromatische
Kraut und die Samen vieler Doldenblütler
werden als Gewürz verwendet, die Wurzeln
manchmal als Gemüse.

Blütenstand vom Dill: Doppeldolde

FAMILIE	GARTENPFLANZEN	WILDKRÄUTER
Korbblütler	Artischocke Chrysanthemen Dahlien Gerbera Kopfsalat Margerite Ringelblume Schwarzwurzel Sonnenblume	Berufkraut Gänsedistel Gänseblümchen Kamille Kanadische Goldrute Knopfkraut Kratzdistel Kreuzkraut Löwenzahn Schafgarbe
Kreuzblütler	alle Kohlarten Kresse Radieschen Rettich Rucola	Hirtentäschel Knoblauchsrauke Schaumkraut
Lippenblütler	Basilikum Bohnenkraut Lavendel Minze Oregano Rosmarin Salbei Thymian Ysop Zitronen-Melisse	Braunelle Goldnessel Gundermann Hohlzahn Taubnesseln
Nelkengewächse	Leimkraut Nelken Schleierkraut	Hornkraut Mastkraut Vogelmiere
Doldenblütler	Dill Fenchel Karotte Koriander Kümmel Liebstöckel Pastinake Petersilie Sellerie	Bärenklau Giersch Schierling (Vorsicht: sehr giftig, es gibt viele ähnliche Arten!) Wiesen-Kerbel

Lust auf wilden Salat und summende Hummeln? Dafür sind keine weiten Wege nötig, denn viele spannende Kräuter wachsen direkt vor eurer Haustür. Kommt mit und schaut selbst!

Kommt mit in den Garten, ich zeige euch, was ihr wachsen lassen könnt und was nicht in die Beete gehört.

Früchtchen,
kleine Laternen
mit drei Flügeln

Stumpfblättriger **Ampfer**

Rumex obtusifolius

FAMILIE: Knöterichgewächse
BLÜTEZEIT: Juni bis August
BODEN: sehr stickstoffreich, humos, feucht

VON PFERDEN VERSCHMÄHT Dass Pferde das Kraut
nicht mögen, ist offensichtlich, und gerade deswegen
heißt es auch Pferde-Ampfer: Üppige Bestände der
großen, meist von Raupen zerfressenen Pflanzen sind auf
(vernachlässigten) Pferdeweiden zu finden. In voller Sonne
entwickeln die Blätter purpurrote Ränder und Flecken als
UV-Schutz. Auch auf Ackerbrachen, Schuttplätzen und
anderen gestörten Flächen breitet sich der Stumpfblättrige
Ampfer aus.

AUFRECHTES KRAUT Die bis zu 40 cm langen und 15 cm
breiten Grundblätter sind gestielt mit herzförmigem Grund,
die Stängelblätter sind schmaler. Überragt werden die Blätter
von einem verzweigten Blütenstand mit unscheinbaren rötlichen
Blüten und winzigen gezähnten Hüllblättern. Der Samenstand ist
später rostbraun bis dunkelbraun und oft selbst im Winter noch
sichtbar. Sehr ähnlich ist der Krause Ampfer *(Rumex crispus)*, der
schmalere, stark gewellte Blätter hat.

FÄRBERPFLANZE Junge Blätter und getrocknete Samen können in
Maßen in der Küche verwendet werden – aber es gibt bessere Wild-
gemüse-Arten. Sehr gute und
ergiebige Färberpflanze.

RAUPENFUTTER Futterpflanze
für die Raupen zahlreicher
Schmetterlinge, z. B. Feuer-
falter und Brauner Bär.

NICHTS FÜR DEN GARTEN Die
langen, kräftigen Pfahlwurzeln
sind schwer zu entfernen. Am
besten sofort ausstechen!

Junger Pferde-Ampfer

Ampfer: Großer Sauerampfer

Rumex acetosa

FAMILIE: Knöterichgewächse
BLÜTEZEIT: Mai bis Juli
BODEN: lehmig, frisch bis feucht

ERFRISCHEND SAUER Menschen, die in ihrer Kindheit viel in der Natur unterwegs waren, kennen die „Sauerblätter" noch gut als durstlöschende Erfrischung. Für den säuerlichen Geschmack ist Oxalsäure verantwortlich. Sie kommt auch in Rhabarber, Spinat und Mangold vor. Wenn die Blütenstände erscheinen, werden die Blätter bitter – und meistens sind sie dann sowieso schon von Raupen zerknabbert.

WIESENPFLANZE Die unteren Blätter sind gestielt und pfeilförmig, die oberen Stängelblätter „reiten" mit dem Pfeilgrund auf dem Stängel. Die Pflanze ist auf feuchten Wiesen, an Wegrändern und Flussufern zu finden. Wo sie in größeren Mengen vorkommt, geben die erst grünlichen, dann rostrot getönten Blütenstände den Wiesen ein typisches Aussehen, oft gemeinsam mit gelben Butterblumen und hellrosa Wiesen-Schaumkraut.

SAUER MACHT LUSTIG Die vitaminreichen jungen Blätter sind lecker in Frühlingssuppen, Kräuterbutter und -quark. Zu oft und zu viel sollte man nicht davon naschen, weil die Oxalsäure die Nieren belasten könnte.

GERN GEFRESSEN Futterpflanze für die Raupen des Kleinen Feuerfalters, des Grünwidderchens und weiterer Kleinschmetterlinge.

IM GARTEN Passt in feuchte Blumenwiesen oder an den Teich.

Verwandte Art

Blut-Ampfer

FÜRS KRÄUTERBEET

Wer das fein säuerliche Aroma liebt, kann im Kräuterbeet den Garten-Ampfer (Rumex rugosus oder R. ambiguus) oder den dekorativen, rot geäderten Blut-Ampfer (Rumex sanguineus) anpflanzen.

WÜRZIGER SAUERAMPFER

Die Samen können in der Kaffeemühle gemahlen und zum Würzen verwendet werden.

KLEINER GEHT IMMER

Je magerer der Stand-
ort, desto winziger
bleiben die Blätter.

Ampfer: Kleiner Sauerampfer

Rumex acetosella

FAMILIE: Knöterichgewächse
BLÜTEZEIT: Mai bis Juli
BODEN: sauer, kalkfrei, nährstoffarm

HUNGERKÜNSTLER Der Kleine Sauerampfer wächst auf ärmsten Böden. Man findet ihn auf trockenem Torf genauso wie auf Sandböden in der Heide. Nur kalkarm muss das Substrat sein. Auf reichhaltigen Böden ist er nicht mehr konkurrenzfähig und wird von anderen Wildkräutern und Gräsern überwuchert.

ALLES IM KLEINFORMAT Im Gegensatz zum Großen Sauerampfer haben seine Blätter „Segelohren", die Spitzen des Pfeilgrundes stehen seitlich ab. Auch sind die Blätter sehr viel kleiner. An trockenen Standorten wirken sie ledrig zäh, bei starker Sonneneinstrahlung rollen sie sich am Rand etwas ein. Die Blütenstände ähneln denen des Großen Sauerampfers, nur sind sie viel zarter und kleiner. Bei allen Ampferarten sehen die Früchte wie geflügelte, dreieckige Laternchen aus.

Kleiner Sauerampfer in voller Blüte

FEINE SÄURE Die in der Pflanze enthaltene Oxalsäure gibt Salaten und Kräuterbutter eine feine säuerliche Note.

FALTERFUTTER Futterpflanze für die Raupen einiger Kleinschmetterlinge.

BODENQUALITÄT PRÜFEN

Der Kleine Sauerampfer schmeckt gut und stört nicht. Wenn an dieser Stelle im Garten ein Staudenbeet geplant ist, solltet ihr aber vorher eine Bodenverbesserung mit Kompost und Kalk durchführen.

30.000 bis 40.000 Samen
pro Pflanze

Kanadisches **Berufkraut**

Erigeron canadensis

FAMILIE: Korbblütler
BLÜTEZEIT: Juni bis Oktober
BODEN: mäßig nährstoffreich

FUGENFREAK Wenn dieses Kraut einen Beruf hat, dann das Pflaster eurer Terrasse oder Einfahrt möglichst schnell und effektiv zu begrünen. In Wirklichkeit hat der Name allerdings einen anderen Ursprung: Das sogenannte Berufen war eine Art Beschwörung gegen das Verhexen, Berufkräuter sollten also Hexen abwehren. Heute geht es eher darum, das aus Nordamerika stammende Kraut selbst abzuwehren. In der Schweiz gilt es mittlerweile als invasiv und wird in der Natur bekämpft, ebenso übrigens wie der nah verwandte Feinstrahl, das Einjährige Berufkraut (*Erigeron annuus*).

SAMENREICH In Pflasterfugen zeigen sich zunächst hellgrüne Rosetten mit gezackten, weich behaarten Blättern. Wenige Wochen später ragen bis zu 1m hohe, wild verzweigte Pflanzen auf, die mit einer langen Pfahlwurzel im Boden verankert sind. Aus den zahlreichen unscheinbaren, gelblichen Blütenkörbchen entwickeln sich kleine Pusteblumen. Bis zu 25.000 Samen schickt eine einzige Pflanze mit dem Wind auf die Reise.

WENN ES SCHON EINMAL DA IST … Junge Blätter können in kleinen Mengen zum Würzen von Kräuterbutter, Smoothies oder Gemüsesuppen verwendet werden.

SELBSTBESTÄUBER Die Pflanze ist nicht auf Insekten als Bestäuber angewiesen, aber manchmal schauen trotzdem Bienen an den Blüten vorbei.

EINFACH DRAN ZIEHEN!

Die Pflanzen lassen sich auch im ausgewachsenen Zustand noch mit einem Ruck herausziehen. Besser ist es aber, sie vor der Samenbildung zu entfernen.

Junges Berufkraut

Braunelle

Prunella vulgaris

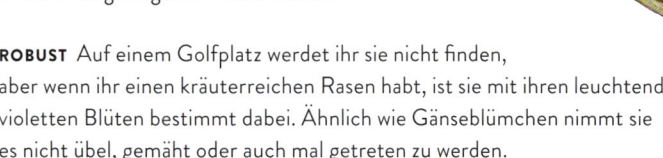

FAMILIE: Lippenblütler
BLÜTEZEIT: Juni bis Oktober
BODEN: ausgewogener Gartenboden

ROBUST Auf einem Golfplatz werdet ihr sie nicht finden, aber wenn ihr einen kräuterreichen Rasen habt, ist sie mit ihren leuchtend violetten Blüten bestimmt dabei. Ähnlich wie Gänseblümchen nimmt sie es nicht übel, gemäht oder auch mal getreten zu werden.

DER NAME IST PROGRAMM Die Braunelle hat ihren Namen von den braunen Hochblättchen, die an der Blütenähre übrig bleiben, wenn die Pflanze schon verblüht ist. Die kurzen Blütenähren stehen aufrecht und ragen über die ansonsten niederliegenden Triebe hinaus. Ein wenig erinnern die Blüten an kleine Salbeiblüten – schließlich ist die Braunelle mit dem aromatischen Mittelmeerkraut verwandt.

SURVIVAL-FOOD Junge Blätter können in Smoothies oder Kräutersuppen verwendet werden.

INSEKTENMAGNET Wichtiger Pollen- und Nektarspender für Wildbienen und Schmetterlinge.

Ochsenauge auf Braunelle

AUS GRÜN WIRD BUNT

Wollt ihr euren Rasen in eine blütenreiche Bienenweide umwandeln? Einfach nicht mehr düngen, den Rasenschnitt abräumen und dadurch niedrig wachsende, blühende Kräuter wie Weißklee, Braunelle und Gänseblümchen fördern.

Die Blätter an den Blütenstängeln sind etwas anders geformt als die Grundblätter (siehe linke Seite).

PERFEKT FÜR DIE WILDE ECKE

Irgendwo im Garten gibt es sicherlich einen Platz für das vitaminreiche Grünzeug.

Große **Brennnessel**

Urtica dioica

FAMILIE: Brennnesselgewächse
BLÜTEZEIT: Juli bis Oktober
BODEN: humus- und stickstoffreich

DIE ZWEI GESICHTER DER BRENNNESSEL Einerseits nervt sie im Garten, weil sie beim Jäten brennende Ameisensäure verspritzt und endlose Wurzelausläufer treibt. Andererseits enthält sie einen unglaublich reichhaltigen Cocktail aus Vitamin C, Calcium, Eisen und vielen weiteren Vitalstoffen.

NUR SIE BRENNT! Es gibt eine Reihe Wildpflanzen mit ähnlich zugespitzten, gezähnten, sich am Stängel gegenüberstehenden Blättern, zum Beispiel Taubnessel, Braunwurz, Ziest. Aber keine davon hat Brennhaare. Außerdem blühen die anderen Kräuter deutlich sichtbar, während die Brennnessel sich mit grünlichen Rispen begnügt, an denen winzige, kaum als Blüten erkennbare Knubbel sitzen. An weiblichen Pflanzen bilden sich nach der Blüte ebenso winzige, essbare Nussfrüchtchen.

VIELSEITIG VERWENDBAR Junge Sprosse fein gehackt als Wildgemüse, für Smoothies, Suppen und pikantes Gebäck, Samen als würziges Topping.

OHNE RAUPEN KEINE FALTER Wichtige Futterpflanze für Schmetterlingsraupen, etwa vom Tagpfauenauge und Admiral.

KLEINE SCHWESTER Die Kleine Brennnessel *(Urtica urens)* hat rundliche, kleinere Blätter und wird nur 10 bis 60 cm hoch, während die Große 150 cm schafft. Dafür brennt die Kleine umso stärker. Ansonsten treffen alle Angaben auf beide Arten zu.

Brennnessel-Samen

Rezepte für die Naturküche

NICHT NUR VITAMINE UND MINERALSTOFFE, auch Bitterstoffe sind in manchen Wildkräutern reichlich vorhanden. Der Gehalt schwankt je nach Jahreszeit, Witterung und Standort. Und wegen des geringeren Wassergehalts ist der Biss in die erste Gabel Wildspinat anfangs etwas gewöhnungsbedürftig. Mischt die Wildkräuter erst einmal in kleineren Mengen in euer Essen: ein paar Triebe Vogelmiere in den Salat, fein gehackte Taubnessel ins Risotto, junge Gierschblättchen in die Kartoffelsuppe. Das würzt und macht Lust auf mehr.

Kräuterkäse

- 200 g Frischkäse
- 100 g weiche Butter
- 100 g Hartkäse, gerieben
- 1 Zwiebel, fein gehackt
- 1 Knoblauchzehe, fein gehackt, mit Salz zerdrückt
- Salz, Pfeffer
- 2 Bund frische Garten- und Wildkräuter, z. B. Gundermann, Knoblauchsrauke, Schafgarbe, Kerbel, Thymian, Zitronen-Melisse, Kapuzinerkresseblüten, fein gehackt
- Kapuzinerkresseblätter zum Anrichten

Alle Zutaten gut vermischen, mit Salz und Pfeffer abschmecken, mit einer in Wasser getauchten Eiskugelzange kleine Kugeln formen und auf Kapuzinerkresseblättern anrichten. Bis zum Servieren kühl stellen.

Vorsicht!

Die Stickstoffzeiger unter den Wildkräutern – z. B. Giersch, Brennnessel, Knoblauchsrauke, Knopfkraut, Löwenzahn, Taubnessel, Weidenröschen – können an nährstoffreichen Standorten eine ganze Menge Nitrat enthalten, nicht anders als Spinat oder Rucola. Nitrat ist selbst nicht giftig, kann aber im Darm in schädliches Nitrit umgewandelt werden. Durch Blanchieren lässt sich ein Großteil des Nitrats entfernen.

Brennnesselbrötchen

Brennnesselbrötchen

- 1 großes Sieb voll junger, nicht blühender Brennnesseltriebe
- 250 g Magerquark
- 6 EL Öl
- ½ TL Salz
- 1 Päckchen Weinsteinbackpulver
- 1 Ei
- 300 g Mehl

Die Brennnesseln in ein Küchentuch einschlagen, auf ein großes Brett legen und mehrmals mit dem Nudelholz darüberrollen. Dann fein hacken. Aus den übrigen Zutaten einen Quarkölteig bereiten, die Brennnesseln unterkneten und möglichst etwas kaltstellen. 10 bis 12 Brötchen formen und bei 200 °C 15 Minuten backen.

Kräuterkuchen

- 1 Tasse fein gehackte milde Wild- und Gartenkräuter (z. B. Vogelmiere, Kerbel, Süßdolde, Malve, Weidenröschen)
- 3 Eier
- ½ Tasse Zucker
- 125 g zerlassene Butter
- 250 g Quark
- 2 EL Milch
- ½ TL Zimt
- 1 Tasse Mehl
- 1 Päckchen Vanillezucker
- ein paar Samen vom Hirtentäschelkraut zum Garnieren

Zutaten zu einem Teig verarbeiten, in eine gefettete Springform geben und ca. 30 Minuten bei 175 °C Ober- und Unterhitze backen. Mit einigen Kapseln des Hirtentäschelkrauts bestreuen und warm servieren.

Distel: Acker-Kratzdistel

Cirsium arvense

FAMILIE: Korbblütler
BLÜTEZEIT: Juli bis Oktober
BODEN: verdichtet, schwer

FLIEGENDE FANS Es ist ein tolles Erlebnis, einen Schwarm Distelfinken zu beobachten, der leise zwitschernd mit wellenförmigen Flugbewegungen einen Distelsaum entlangfliegt, um dann in den Pflanzen herumzuturnen und von den Samen zu naschen. Von Weitem auf einer nährstoffreichen Weide oder am Wegrand sehen blühende Disteln richtig schön aus. In den Garten gehören sie nicht!

SPITZE STACHELN, WEICHER SCHOPF An bis zu 150 cm hohen, reich verzweigten Stängeln sitzen viele hellviolette Blüten. Nach der Befruchtung bildet sich ein Schopf aus weichen, weißen, bald vom Winde verwehten Samen. Stängel und Blätter sind mit Stacheln besetzt. Lediglich im oberen Bereich sind die Blätter, die dort dicht am Stängel sitzen, nicht stachelig. Ihre Blattoberseite ist kahl, die Unterseite kann schwach filzig behaart sein.

SURVIVALTRAINING Die Wurzeln und Schösslinge können nach dem Entfernen der Stacheln als Wildgemüse gegessen werden.

FÜR VÖGEL, FALTER UND KÄFER Die Raupen des Distelfalters und einige Rüsselkäfer entwickeln sich an der Pflanze, die Blüten sind eine gute Nektarquelle für Nachtfalter. Distelfinken lieben die Samen.

ÄHNLICHE ART Die Gewöhnliche Kratzdistel (*Cirsium vulgare*) hat kräftig rot-violette Blüten, die von Juni bis August blühen. Sie unterscheidet sich in ihren Eigenschaften sonst kaum von der Acker-Kratzdistel.

TIEFWURZLER

Die Pflanze samt sehr stark aus. Sie bildet zudem lange Pfahlwurzeln mit waagerechten Ausläufern, daher ist sie schwer zu entfernen. Am besten auch kleine Keimlinge sofort ausstechen.

bis zu 5000 flugfähige
Samen pro Pflanze

STACHELIGE RIESEN

Einzelne Pflanzen werden bis zu 2 m hoch und sind rundum stachelig.

Distel: Sumpf-Kratzdistel

Cirsium palustre

FAMILIE: Korbblütler
BLÜTEZEIT: Juli bis Oktober
BODEN: feucht, eher nährstoffarm

ERST FILZIG, DANN STACHELIG Auf feuchteren
Böden, an Graben- und Waldrändern oder auf Moorwiesen
ist die Sumpf-Kratzdistel zu finden. In solchen Gegenden
kommt sie auch immer mal in den Garten. Schon die
Sämlinge sind an den dunkelgrünen, unterseits meist
weiß-filzig behaarten Blättern zu erkennen, die aber
noch nicht gezackt sind.

RIESIG Die eindrucksvollen mandalaartig ausgebreiteten
Blattrosetten erreichen im ersten Jahr einen Durchmesser von 80 bis 100 cm. Sie werden aus spitz gezackten, violett
überhauchten Blättern gebildet. Im zweiten Jahr entwickelt sich ein
bis zu 2 m hoher Blütenstand. Der Stängel ist von oben bis unten
mit breiten, flügelartig abstehenden Stacheln besetzt. Oben sitzen
die kleinen, dunkelvioletten Blütenkörbchen relativ dicht gedrängt.
Später entwickeln sich die Samen mit langen, fiedrigen Flughaaren.

ACHTUNG, ICH PIEKSE! Mit Erfolg schützt sich diese stachelige Pflanze vor
dem Verzehr.

GUT FÜR INSEKTEN Schmetterlinge, Hummeln, Bienen und Käfer besuchen die nektarreichen Blüten.

IM GARTEN NICHT WARTEN!

*Es ist gut, sich einzuprägen,
wie die Jungpflanzen aussehen,
denn ältere Pflanzen sind nur
mühsam zu entfernen.*

Jetzt entfernen!

Distel: Gänsedistel

Sonchus arvensis, S. asper, S. oleraceus

FAMILIE: Korbblütler
BLÜTEZEIT: Juni bis Oktober
BODEN: frisch, nährstoffreich

KLEBRIG Unscheinbar kommen die gelb blühenden Gänsedisteln daher, der Stängel ist unordentlich verzweigt, die für Disteln typischen Stacheln sind nur an den Blatträndern vorhanden. Beim Ausreißen bekommt ihr allerdings klebrige Hände: Der Milchsaft in den Pflanzen enthält Kautschuk. Kein Wunder, dass ihr Nutzen für Ernährung und Volksmedizin weitgehend in Vergessenheit geraten ist.

GÄNSEDISTEL-VIELFALT Die drei Arten, die bei uns im Garten auftreten, sind sehr ähnlich. Bei der Dornigen Gänsedistel (S. *asper*) sind die Blätter derb und glänzen dunkelgrün, die Stängelblätter haben rundliche Öhrchen, mit denen sie den Stängel umschließen. Die Kohl-Gänsedistel (S. *oleraceus*) hat weichere, matt bläulich-grüne Blätter und pfeilförmige Öhrchen (Abbildung). Bei der Acker-Gänsedistel (S. *arvensis*) sitzen feine Drüsenhärchen auf der Blütenhülle, die mit der Lupe betrachtet wie winzige Stecknadelköpfe aussehen. Diese Art ist auch in Dünenlandschaften zu finden. Die gute Nachricht: Alle drei Arten sind essbar. Die weniger gute: Sie produzieren alle sehr viele Samen.

LIEFERT VITAMINE UND EISEN Junge Stängel, Blätter und Wurzeln eignen sich als Wildgemüse, junge Blüten und Blätter für Salate. Früher wurde die Kohl-Gänsedistel als Gemüsepflanze und Viehfutter angebaut.

INSEKTENTAUGLICH Schwebfliegen und Wildbienen besuchen die Blüten.

Unzählige Samen

WIR MÜSSEN DRAUSSEN BLEIBEN

Gänsedisteln kleben, stechen, werden bis zu 1,50 m hoch und sind wenig attraktiv für Gartenbeete. Wegen der starken Samenproduktion besser gleich entfernen.

Kohl-Gänsedistel: Hier sind
die Öhrchen gut sichtbar.

Ehrenpreis

Veronica

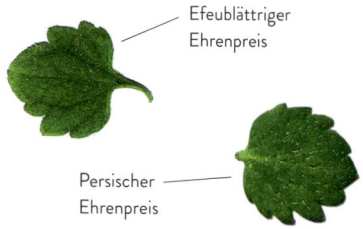

Efeublättriger Ehrenpreis

Persischer Ehrenpreis

FAMILIE: Wegerichgewächse
BLÜTEZEIT: Februar bis Dezember
BODEN: lehmig, nährstoffreich

HARMLOS UND UNAUFFÄLLIG Hat euer Garten einen „Ehrenpreis" bekommen? Vielleicht wächst er irgendwo unentdeckt im Rasen oder zwischen den Gemüsepflanzen. Es könnte der Persische (*V. persica*) sein. Oder vielleicht der Gamander-Ehrenpreis (*V. chamaedrys*), der Efeublättrige (*V. hederifolia*) oder der Fadenförmige (*V. filiformis*). Es gibt viele kleine, heimische oder eingebürgerte Arten, die nicht immer leicht zu unterscheiden sind. Im Garten machen sie meist keine Probleme, da sie nicht besonders tief wurzeln.

TYPISCH Gemeinsam haben alle Ehrenpreisarten die Blütenform: Vier Blütenblätter stehen sich kreuzweise gegenüber, aber das Blütenblatt, das nach oben zeigt, ist besonders breit, das untere dagegen sehr schmal.

UNGIFTIG, ABER BITTER Prinzipiell sind die Blüten und Blätter essbar, aber sie schmecken recht bitter und die Ernte ist nicht sehr ergiebig.

WÄHLERISCHE BIENEN Wildbienen nutzen vor allem heimische Arten wie den Gamander-Ehrenpreis oder den auf sandigen Böden verbreiteten Echten Ehrenpreis (*V. officinalis*).

BODEN BEDECKEN! Wo kein kahler Boden ist, wird sich der Ehrenpreis kaum ausbreiten. Wenn er im Rasen überhandnimmt, kann er durch Verzicht auf Düngung zurückgedrängt werden.

Gamander-Ehrenpreis

Auch typisch: kleine herzförmige Früchte, die sich in den Kelchblättern verstecken

AMEISEN-LIEBE

Die Samen besitzen ein eiweißreiches Anhängsel. Sie werden gern von Ameisen verschleppt und dadurch verbreitet.

Gamander-Ehrenpreis

BLÜTENKÖRBCHEN

Die gelbe Mittelscheibe besteht aus winzigen Röhrenblüten, am Rand entfaltet sich ein Kranz aus weißen, unterseits oft rosa überhauchten Zungenblüten.

Gänseblümchen

Bellis perennis

FAMILIE: Korbblütler
BLÜTEZEIT: ganzjährig, außer bei Schnee und Frost
BODEN: eher auf kalkarmen Böden

ALLERWELTSPFLANZE Wer im Frühjahr die ersten drei Blüten eines Gänseblümchens verzehrt, wird das ganze Jahr über von Zahnschmerzen, Fieber und Durst verschont – so heißt es im Volksglauben. Und da Gänseblümchen auf der ganzen Welt vorkommen und nahezu ganzjährig zu finden sind, ist es ein Leichtes, dieser Einladung zu folgen. Sie wachsen nur zwischen niedrigen Pflanzen, sind mäh- und trittverträglich und sorgen auf jeder Rasenfläche für gute Laune. Übrigens: Gänseblümchen haben eine innere Uhr! Abends schließen sich die Blumen, morgens öffnen sie sich wieder – aber nur, wenn es nicht regnet.

ER LIEBT MICH, ER LIEBT MICH NICHT Die Blumen sitzen an kurzen Stängeln über dicht an den Boden gedrückten Blattrosetten. Wie bei allen Korbblütlern besteht die Blume aus vielen Einzelblüten.

ECHT GESUND Die Blüten können direkt vernascht oder als essbare Deko verwendet werden. Die Blütenknospen lassen sich wie Kapern in Kräuteressig einlegen. Die Blattrosetten sind wie Feldsalat verwendbar.

INSEKTENMAGNET Guter Pollenspender. Die Blätter werden von den Raupen einiger Kleinschmetterlinge angeknabbert.

ACHTUNG, RUTSCHGEFAHR!

Wenn größere Flächen von den Rosetten bedeckt sind und dadurch rutschig werden, Rosetten ausstechen und als Salat verwenden. Die Lücken mit einem Saatgut für kräuterreichen Rasen wieder einsäen.

Gänseblümchen-Rosetten

Weißer **Gänsefuß**

Chenopodium album

FAMILIE: Fuchsschwanzgewächse
BLÜTEZEIT: Juli bis Oktober
BODEN: eher nährstoffreich und trocken

ALTER BEKANNTER Euer Garten ist noch in Planung, ein Berg Mutterboden liegt schon bereit? Zu allererst siedelt sich der Weiße Gänsefuß darauf an – das war schon immer so. Bereits in Ausgrabungen von steinzeitlichen Siedlungen wurden seine Pollen und Samen nachgewiesen. Da er meist in großen Mengen aufläuft, ist die Ernte einfach und lohnend.

HOCH HINAUS Die Blattform ist variabel, von fast dreieckig über spatelförmig bis oval, manchmal leicht gezackt. Junge Blätter wirken weißlich bemehlt. Die grünlich-weißen Blüten sind unscheinbar und sitzen in dicht gedrängten Knäueln. Je nach Standort können die Ackermelden, wie sie auch genannt werden, handhoch bleiben oder bis zu 1,50 m groß werden.

STEINZEITSPINAT Mit dem Spinat verwandt, lässt die Pflanze sich genauso verwenden und enthält zudem besonders viel Vitamin C, Kalium, Calcium, Magnesium, Phosphor und Eisen. Junge Blätter und Triebe passen auch in Smoothies. Wegen der enthaltenen Oxalsäure nicht zu viel und zu oft davon essen!

FÜR INSEKTEN UND SPATZEN Verschiedene Insekten, besonders Schmetterlingsraupen, fressen an den Blättern, Spatzen picken die Samen.

ESSBARE VERWANDTSCHAFT Die Spreizende Melde (*Atriplex patula*), die Gartenmelde (*Atriplex hortensis*) und der Gute Heinrich (*Chenopodium bonus-henricus*) sind ebenfalls essbar.

Junge Gänsefußblätter lassen sich wie Spinat zubereiten.

SCHNELL AUFESSEN!

Der Weiße Gänsefuß bildet sehr viele Samen. Am besten die Jungpflanzen direkt ernten und in der Küche verwenden.

Vor dem Aufblühen lassen sich die Blütenstände wie Brokkoli-Röschen zubereiten.

Marienkäferlarven

Streifenwanze

Schwebfliege

Giersch

Aegopodium podagraria

FAMILIE: Doldenblütler
BLÜTEZEIT: Mai bis August
BODEN: stickstoffreich

ÜBERALL ZU HAUSE An Waldwegen, am Ackerrand, in Parks und Gärten – überall begegnet uns der Giersch. Er ist ein Stickstoffzeiger und da unsere Landschaft großflächig überdüngt ist, konnte er sich stark ausbreiten: Je größer die Blätter werden, desto mehr Stickstoff ist im Boden. Im Sommer sehen seine Blüten hübsch aus, viele Insekten lassen sich darauf nieder. Im Garten jedoch ist er verschrien, da er mit seinen Ausläufern Staudenbeete gnadenlos durchwuchert. Hier wird unsere Gelassenheit arg auf die Probe gestellt.

DREIFACH GEFIEDERT Die Blätter sind dreigeteilt und jedes dieser Blättchen ist noch einmal dreigeteilt oder dreigespalten. Sehr junge Blätter sind gefaltet. Der Blütenstand ist eine Doppeldolde: Von einem Punkt gehen viele Stielchen aus, an deren Ende noch einmal viele Stielchen ausgehen, an denen jeweils eine Blüte sitzt.

INSEKTENPFLANZE Nektar und Pollen werden von Schwebfliegen, Bienen, Schmetterlingen und kleinen Käfern gesammelt.

DIE KUNST DER VERDRÄNGUNG Im Naturgarten ist Giersch kaum zu vermeiden. Er lässt sich aber gut mit Bodendeckern in Schach halten: z. B. mit Rauling (*Trachystemon orientalis*), Balkan-Storchschnabel (*Geranium macrorrhizum*) oder Kaukasus-Beinwell (*Symphytum grandiflorum*).

GESUNDE MASSENWARE

Junge Blätter passen in Smoothies, in Salate oder fein gehackt als Gewürz. Ausgewachsene Blätter vor der Blüte könnt ihr als Wildgemüse, in Suppen oder Aufläufen verwenden.

Pflück mich jetzt für einen Frühlingssalat!

Silber-**Goldnessel**

Lamium argentatum

FAMILIE: Lippenblütler
BLÜTEZEIT: April bis Juli
BODEN: kalkarm, feucht, schattig

ZÄH UND LÄSTIG Sie hat einen wunderschönen Namen, sieht gut aus und kam einst als wüchsiger und hummelfreundlicher Bodendecker in unsere Gärten. Mit der Zeit durchwuchert sie jedoch mit langen Ausläufern hartnäckig alle Staudenbeete, klettert an Himbeeren hoch und krallt sich mit ihren Wurzeln in Mauerritzen. Kein Wunder, dass zahlreiche Gartenfans die Nase voll hatten und sie kurzerhand am Waldrand entsorgten. Inzwischen sind auch in siedlungsnahen Laubwäldern vielerorts große Teppiche der Goldnessel anzutreffen – das Aus für alle heimischen Waldbodenpflanzen. Die Art ist daher europaweit als invasiv eingestuft (siehe S. 18).
DEKORATIV Die gelben Lippenblüten stehen in mehreren Etagen zwischen spitzen, gezähnten Stängelblättern. Die langen Ausläufer haben rundliche, immergrüne Blätter, die grün, weiß und violett gemustert sind, daran ist die Pflanze auch im Winter zu erkennen.
ESSEN UND VERGESSEN Die Blüten eignen sich als essbare Dekoration. Die jungen Blätter sind als Gemüse oder für Smoothies verwendbar.
VIELFALT WÄRE BESSER Hummeln naschen gern den Nektar aus den Blüten. Allerdings verdrängt die Pflanze besonders in Wäldern viele heimische Frühblüher, auf die verschiedene Insektenarten spezialisiert sind.

NICHT AUS DEM GARTEN ENTWISCHEN LASSEN!

Wer sie im Garten hat, wird sie kaum wieder los. Sie deckt große Flächen zuverlässig ab und nimmt es sogar mit dem Giersch auf. Dort, wo sie unerwünscht ist, muss rechtzeitig und gründlich gejätet werden. Bitte auf keinen Fall herausgerissene Pflanzen in der freien Landschaft entsorgen!

HEIMATLOS

Die Silber-Goldnessel ist keine ursprüngliche Wildpflanze. Sie ist aus Gartenkultur entstanden und vielerorts verwildert.

Die zahmen Vagabunden

VIELE INSEKTENFREUNDLICHE GARTENPFLANZEN samen sich selbst aus – und suchen sich auf diese Weise einen Standort im Garten, an dem sie sich besonders wohlfühlen. Unter Schlagworten wie „Blackbox-Garden" oder „antiautoritärer Garten" liegt diese Methode sich selbst gestaltender Gärten inzwischen im Trend. Die natürliche Dynamik und viele bunte Überraschungen machen den Charme eines solchen Gartens aus.

Hier sind einige bewährte Kandidaten für die Selbstaussaat:

AKELEI
Aquilegia spec.

BACH-NELKENWURZ
Geum rivale

FALSCHE ALRAUNE
Tellima grandiflora

GELBER SCHEINMOHN
Meconopsis cambrica

GLOCKENBLUMEN
Campanula spec.

GOLDLACK
Cheiranthus cheiri

HASENGLÖCKCHEN
Hyacinthoides non-scripta

LERCHENSPORN
Corydalis solida

NACHTVIOLE
Hesperis matronalis

OREGANO
Origanum vulgare

PURPUR-LEINKRAUT
Linaria purpurea

SCHLÜSSELBLUME
Primula elatior

SILBERBLATT
Lunaria annua

VEILCHEN
Viola spec.

VEXIERNELKE
Lychnis coronaria

WENN IHR DEN GARTENPFLANZEN etwas Mitbestimmung erlauben möchtet, wartet einfach mit dem Jäten, bis sich zeigt, was aus den kleinen frisch gekeimten Pflanzen im Frühjahr wird. Handelt es sich tatsächlich um eine Gartenpflanze und nicht um einen Kandidaten für die rote Ampel? Steht sie an der selbst gewählten Stelle euren Plänen nicht im Weg? Dann belasst sie einfach dort.

einseitswendige Rispen

Kanadische **Goldrute**

Solidago canadensis

FAMILIE: Korbblütler
BLÜTEZEIT: August bis Oktober
BODEN: anspruchslos, eher nährstoffreich,
nicht zu trocken

NEOPHYT Die leuchtend gelbe Herbstblüherin kam als Zierpflanze aus Nordamerika zu uns. Aus Gärten ist sie verwildert und inzwischen überall in Deutschland anzutreffen. Die bis zu 2,50 m hohen Stauden bilden riesige, flächendeckende Bestände an Ufersäumen, auf Brachflächen und mageren Wiesen – also an Standorten, auf denen eigentlich eine bunt gemischte, heimische Pflanzengesellschaft gedeihen könnte.

GELBE BLÜTENRISPEN Die schmalen, länglichen Blätter sind am Rand etwas gezähnt und weisen ein typisches Blattnervenmuster auf. Die Blüten stehen in einem verzweigten, nach oben spitz zulaufendem Blütenstand, der an den Seitenästen viele winzige Blütenkörbchen trägt.

BRINGT FARBE INS ESSEN Junge Triebe können für Smoothies verwendet oder als Gemüse gegessen werden. Die Blüten duften nach Honig und sind eine tolle, essbare Dekoration für Süßspeisen.

BIENENWEIDE Viele Wildbienenarten und Schmetterlinge besuchen die Blüten. Guter Pollenspender auch für Honigbienen.

SEHR ÄHNLICH Die Späte Goldrute (*Solidago gigantea*) hat etwas größere Blütenrispen und einen kahlen, oft rötlich überlaufenen Stängel, während der Stängel der Kanadischen Goldrute im oberen Teil dicht behaart ist. Beide Arten gelten als invasiv, ihre weitere Ausbreitung in Europa soll möglichst unterbunden werden (siehe S. 18).

IN DEN BUMENSTRAUSS

Bitte vor der Samenbildung abschneiden, damit sie sich nicht weiter ausbreitet. Die Blütenrispen eignen sich wunderbar für Sträuße.

Tagpfauenauge auf Kanadischer Goldrute

Gewöhnliches **Greiskraut**

Senecio vulgaris

FAMILIE: Korbblütler
BLÜTEZEIT: fast ganzjährig
BODEN: stickstoff- und humusreich

ACKERWILDKRAUT Auf kahlen Stellen im Beet, an Weg- und Ackerrändern oder auf Baustellen ist das Gewöhnliche Greiskraut zu finden. Als einjähriges Kraut entwickelt es gleich im ersten Jahr die Blüten und stirbt nach der Samenbildung ab. Pflänzchen, die noch im Herbst gekeimt sind, können überwintern. Als Wirtspflanzen für verschiedene Pilzarten sind sie oft von weißlichen Belägen, etwa Mehltau, bedeckt.

GREISENHAFT Den Namen verdankt es seinem Samenschopf, der wie eine kleine Pusteblume aussieht oder so, wie sich manche ein Greisenhaupt vorstellen. Die Blüten sind unscheinbar, da es keinen Kranz aus Zungenblüten gibt, sondern nur ein Bündel gelber Röhrenblüten, die von einer grünen Hülle umschlossen sind. Die dunkelgrünen, etwas speckig glänzenden Blätter sind fiederspaltig bis fiederteilig, leicht gezähnt und manchmal spinnwebartig behaart. Die Pflanze wird nur 10 bis 30 cm hoch.

VORSICHT, GIFTIG! Die Pflanze enthält leberschädigende Pyrrolizidinalkaloide und sollte auf keinen Fall verzehrt werden. Achtung: Manchmal geraten die Triebe versehentlich bei der Ernte zwischen Vogelmiere oder Feldsalat!

SELBSTBESTÄUBER Wildbienen und Schwebfliegen bestäuben manchmal die Blüten, das Greiskraut kann das aber auch allein.

Der Samenschopf erinnert an ein Greisenhaupt.

fiederspaltig

EINFACH AUSZUPFEN!

Die Pflanze samt sich leicht aus, Sämlinge gelegentlich entfernen!

GENUG IST GENUG!

Vor der Samenreife abmähen oder ausstechen, um die unerwünschte Ausbreitung zu vermeiden.

Jakobs-**Greiskraut**

Senecio jacobaea

FAMILIE: Korbblütler
BLÜTEZEIT: Juni bis September
BODEN: normaler Garten- oder Ackerboden

AUF DEM VORMARSCH Dieses heimische Kraut hat sich in den letzten 15 Jahren sehr stark ausgebreitet. Im Sommer leuchten seine Blütenstände massenhaft an Straßen- und Wegrändern, auf Brachen und Viehweiden. Die Tiere meiden die stark giftige Pflanze auf der Weide, im Heu wird sie jedoch mitgefressen. Für die Bewirtschaftung von Mähwiesen in Naturschutzgebieten kann das ein großes Problem sein. Mit speziellen Ausstechern wird das Kraut entfernt – ein Kampf gegen Windmühlenflügel, denn die unzähligen Samen werden vom Wind verbreitet.

Raupen des Jakobskrautbären

TYPISCHER KORBBLÜTLER Das Jakobs-Greiskraut besitzt ein Blütenkörbchen aus gelben Röhrenblüten mit einem Kranz ebenfalls gelber Zungenblüten. Die Blumen sehen ein wenig wie kleine gelbe Margeriten aus, sie stehen aber dicht an dicht in einem reich verzweigten Blütenstand. Die Blätter erscheinen im ersten Jahr als Rosette am Boden und sind zunächst nicht immer leicht zu identifizieren. Erst im zweiten Jahr entwickelt sich der bis zu 1 m hohe Blütenstand.

VORSICHT, GIFTIG! Die in allen Pflanzenteilen vorhandenen Pyrrolizidinalkaloide sind leberschädigend und können sich über die Bienen auch im Honig anreichern.

TIGERENTENRAUPEN Pollenspender für Wildbienenarten und Futterpflanze für die gelbschwarz gestreiften Raupen des Jakobskrautbären.

Gundermann

Glechoma hederacea

FAMILIE: Lippenblütler
BLÜTEZEIT: April bis Juni
BODEN: stickstoffreich

ANPASSUNGSFÄHIG Die kleinen Ranken erobern gern halbschattige Bereiche entlang einer Hecke und sind aber auch auf Mauerkronen und im Schotter von Bahngleisen zu finden. Wenn die Sonne zu sehr brennt, schützt sich die Pflanze durch die Entwicklung purpurroter Blattfarbstoffe. Die lila-blauen Blüten erinnern an seine

Wildkräuter-Pesto mit Taubnessel, Spitz-Wegerich und Gundermann

Verwandtschaft aus dem Mittelmeerraum: Salbei, Ysop und Thymian. Zwar duftet der Gundermann nicht so stark, aber auch er enthält ätherische Öle, die desinfizierend wirken. Früher wurden mit dem Kraut die Milchkannen ausgekocht, damit die Milch nicht so schnell sauer wird.
KLEIN UND FEIN Je nach Nährstoffgehalt haben die Blätter einen Durchmesser von 1 bis 3 cm. Typisch ist der fein gekerbte Blattrand. Größere Blätter können mit der jungen Knoblauchsrauke (siehe S. 87) verwechselt werden.
IMMER VERFÜGBAR Junge Blätter könnt ihr fast ganzjährig pflücken und ähnlich wie Petersilie verwenden. Sie geben Salatsaucen, Kräuterbutter, Kartoffel- und Bohnengerichten eine kräftige Würze.
IMMER UMSUMMT Guter Pollenspender, besonders für Hummeln,

gekerbter Blattrand

GRENZEN AUFZEIGEN!

Als Hummelweide und Würzkraut im Garten willkommen. Muss sich aber nicht überall ausbreiten dürfen.

typische Lippenblüte mit
zweigeteilter Unterlippe

ZEIGERPFLANZE

Solche Hahnenfußrasen zeigen meist staunasse Böden an.

Fruchtknoten und Staubgefäße

Kriechender **Hahnenfuß**

Ranunculus repens

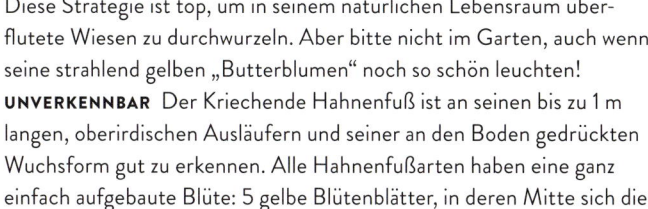

FAMILIE: Hahnenfußgewächse
BLÜTEZEIT: Mai bis August
BODEN: nährstoffreich, feucht oder staunass

STARKER WURZLER Er kriecht zwischen die Stauden und über den Rasen, duckt sich unter dem Rasenmäher und krallt sich in den Boden. Diese Strategie ist top, um in seinem natürlichen Lebensraum überflutete Wiesen zu durchwurzeln. Aber bitte nicht im Garten, auch wenn seine strahlend gelben „Butterblumen" noch so schön leuchten!

UNVERKENNBAR Der Kriechende Hahnenfuß ist an seinen bis zu 1 m langen, oberirdischen Ausläufern und seiner an den Boden gedrückten Wuchsform gut zu erkennen. Alle Hahnenfußarten haben eine ganz einfach aufgebaute Blüte: 5 gelbe Blütenblätter, in deren Mitte sich die gelben Staubgefäße und die Fruchtknoten befinden.

SCHWACH GIFTIG! Wie alle Hahnenfußgewächse enthält die Pflanze giftiges Protoanemonin.

GUT FÜR INSEKTEN Viele Wildbienen, Käfer und Schmetterlinge mögen Pollen und Nektar.

NOCH MEHR HAHNENFÜSSE In mageren Wiesen tritt der Knollige Hahnenfuß (*Ranunculus bulbosus*) auf. In höher wachsenden Blumenwiesen ist der Scharfe Hahnenfuß (*Ranunculus acris*) zu Hause. Beide Arten sind im Garten problemlos, da sie keine Ausläufer bilden.

SEHR HARTNÄCKIG

Er übersteht jede Mahd und lässt sich nur schwer entfernen. Besser gleich den Anfängen wehren und jedes Pflänzchen sofort ausstechen. Verdichtete Böden auflockern.

In diesem Stadium lassen sich die Pflanzen noch leicht ausstechen.

Herzförmige Schötchen

Hirtentäschel

Capsella bursa-pastoris

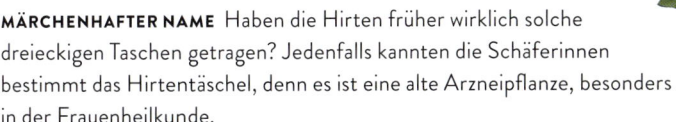

FAMILIE: Kreuzblütler
BLÜTEZEIT: Mai bis Oktober
BODEN: humusreiche, ausgewogene Gartenböden

MÄRCHENHAFTER NAME Haben die Hirten früher wirklich solche dreieckigen Taschen getragen? Jedenfalls kannten die Schäferinnen bestimmt das Hirtentäschel, denn es ist eine alte Arzneipflanze, besonders in der Frauenheilkunde.

GEDULDIG Mit seiner kleinen Rosette aus gezackten Blättern erscheint das Ackerwildkraut an kahlen Stellen. Die Samen können über 30 Jahre lang keimfähig bleiben und darauf warten, dass wieder genug Platz für neue Pflänzchen ist. Die winzigen weißen Blüten haben die typische Bauweise der Kreuzblütler (siehe S. 31). Oft blühen sie oben am Stängel noch dicht gedrängt, während weiter unten schon die typischen dreieckigen Schötchen zu finden sind.

KNACKIGES TOPPING Die Schötchen eignen sich zum Knabbern oder als Topping für Salate, Suppen und Gebäck. Die Blätter sind roh und gekocht verwendbar, aber meist wenig ergiebig und je nach Standort schwer von Sand oder Erde zu säubern.

BIENENBUFFET Pollenspender für einige Wildbienen.

Salat mit Hirtentäschelkraut

ZUM VERNASCHEN

Das Kraut wird im Garten selten lästig. Und wenn die kleinen Schoten gleich aufgegessen werden, kann es sich auch nicht aussamen.

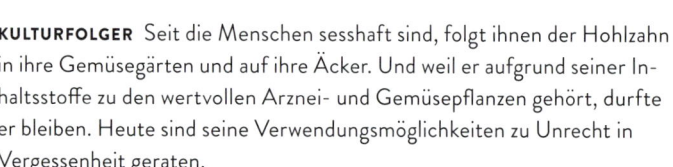

Hohlzahn

Galeopsis tetrahit

FAMILIE: Lippenblütler
BLÜTEZEIT: Juni bis Oktober
BODEN: mäßig nährstoffreicher,
normaler Garten- oder Ackerboden

KULTURFOLGER Seit die Menschen sesshaft sind, folgt ihnen der Hohlzahn in ihre Gemüsegärten und auf ihre Äcker. Und weil er aufgrund seiner Inhaltsstoffe zu den wertvollen Arznei- und Gemüsepflanzen gehört, durfte er bleiben. Heute sind seine Verwendungsmöglichkeiten zu Unrecht in Vergessenheit geraten.

IGELKOPF Die weißen oder rosa Blüten sitzen in dichten Quirlen etagenweise auf Tragblättern, die nach oben hin immer kleiner werden. Die Blütenkelche haben stachelige Zipfel, weshalb nach dem Verblühen auf jeder Blattetage ein kleiner, oft violett überlaufener Igel zu sitzen scheint.

GRÜNE POWER Die Pflanzen enthalten Eisen, Zink, Phosphor, Kieselsäure und wertvolle sekundäre Pflanzenstoffe. Roh oder gekocht sind junge Blätter die reinste Power für Smoothies, Salate, Suppen und Wildspinat.

IMMER UMFLATTERT Hummeln, Distelfalter und der Rapsweißling trinken gern den Nektar.

GESUNDER LÜCKENFÜLLER Das einjährige Kraut samt sich nur an kahlen Stellen aus. Es kann leicht entfernt und aufgegessen werden.

HOHLER ZAHN?

Der Name kommt von zwei kleinen Höckern auf der Unterlippe der Blüte. Wie alle Lippenblütler besitzt die Blüte eine Ober- und eine Unterlippe.

Mittelrippe

Knäuel-**Hornkraut**

Cerastium glomeratum

FAMILIE: Nelkengewächse
BLÜTEZEIT: März bis September
BODEN: normaler Gartenboden

WELTWEIT VERBREITET Es sieht aus wie eine behaarte Vogelmiere und gehört in dieselbe Familie. Aber wer möchte schon Haare auf den Zähnen haben? Die kurzen, rundlichen Blätter stehen am Stängel gegenüber und haben eine gut erkennbare Mittelrippe. Schon nach wenigen Blattpaaren erscheint der knäuelige Blütenstand: Dicht gedrängt stehen die kleinen weißen Blüten mit fünf gespaltenen Blütenblättern zusammen. Nach der Blüte streckt sich der Blütenstängel, um die Samenkapsel in Richtung Erdboden auszurichten. Ebenso häufig im Garten anzutreffen ist das Gewöhnliche Hornkraut *(Cerastium holosteoides)*.

KEIN GENUSS Alle Hornkraut-Arten sind ungiftig, wegen der feinen Härchen aber ungeeignet für die Küche.

INSEKTEN FINDEN'S LECKER Die Blüten werden von einigen Wildbienenarten und Schmetterlingen besucht.

LEIDER KEINE ZIERDE Mit seinen gelblich-grünen Blättern und dem etwas unordentlichen Wuchs ist das Kraut nicht gerade dekorativ. Einfach aus den Beeten zupfen, wenn es stört.

NOCH MEHR HORNKRÄUTER

Dekorativer, mit größeren Blüten ist das Acker-Hornkraut (Cerastium arvense). Es wächst an sandigen Wegrändern. Das Filzige Hornkraut (Cerastium tomentosum) ist als Zierpflanze verbreitet.

Verwandte Art

Acker-Hornkraut

Echte und Strahlenlose **Kamille**

Matricaria recutita, M. discoidea

Strahlenlose Kamille

Echte Kamille

FAMILIE: Korbblütler
BLÜTEZEIT: Mai bis September
BODEN: mäßig nährstoffreich (Echte Kamille), nährstoffreich und verdichtet (Strahlenlose Kamille)

KAMILLEN IM GARTEN? Die Echte Kamille kommt selten von selbst in den Garten. Öfter werdet ihr auf die Strahlenlose Kamille treten. Ja, wirklich treten! Sie wächst nämlich auf Wegen, Spiel- oder Fußballplätzen. Beide Arten enthalten hochwirksame ätherische Öle, duftendes Cumarin und Schleimstoffe. Wenn Kamillen im Garten auftauchen, überlasst ihnen gern etwas Platz, damit sie sich immer wieder aussamen können. Bei Blattlausbefall nicht für Tee verwenden!

ERKENNUNGSMERKMALE Typisch für Kamillen sind fein zerschlitzte Blätter und goldgelbe, rundlich oder kegelförmig aufgewölbte Blütenköpfchen, die beim Zerreiben stark duften. Die Echte Kamille hat außerdem einen Kranz aus weißen Zungenblüten wie das Gänseblümchen. Die Strahlenlose Kamille heißt so, weil ihr genau das fehlt, sie sieht immer so aus, als wären die weißen Blütenblätter abgefallen.

HEISSER TEE UND KÜHLER DRINK Kamillentee wirkt entzündungshemmend und krampflösend. Umschläge und Spülungen helfen bei der Wundheilung und desinfizieren, wobei die Echte Kamille, die Chamazulen enthält, am meisten Power hat. Gekühlter Kamillentee ist auch in Sommerdrinks lecker. Probiert mal die Kombination mit frischen Erdbeeren und Minze!

OHNE DUFT Auch die Geruchlose Kamille (*Tripleurospermum inodorum*) verirrt sich ab und zu in den Garten. Ihr fehlt der typische Kamillenduft. Damit es keine Verwechslungen bei der Ernte gibt, zupft diese Art lieber gleich aus.

Vergleich: Echte und Unechte Kamille

Echte Kamille

Strahlenlose Kamille

Knoblauchsrauke

Alliaria petiolata

FAMILIE: Kreuzblütler
BLÜTEZEIT: April bis Juli
BODEN: stickstoffreich

gebuchteter Rand

BEI AMEISEN BELIEBT Im Halbschatten einer Hecke oder Hauswand kommen gern die Keimlinge der Knoblauchsrauke hoch. Die eiweißreichen Samen werden von Ameisen abtransportiert und unterwegs auch mal fallengelassen.

ZWEIJÄHRIG Im ersten Jahr sind nur die hellgrünen Blätter zu sehen. Sie schmecken und riechen dezent nach Knoblauch. Beim Zerschneiden oder Zerkauen wird Senföl frei, das leicht antibiotisch wirkt und das Immunsystem anregt. Das Knoblaucharoma hilft auch bei der Unterscheidung der jungen Blätter von denen des Gundermanns (siehe S. 74), der an ähnlichen Standorten vorkommt. Beide sind essbar! Erst im zweiten Jahr wächst die Knoblauchsrauke zu einer aufrechten, bis zu 1 m hohen Pflanze heran. Die kleinen weißen Blüten bestehen aus vier Blütenblättern, die sich kreuzweise gegenüberstehen. Später entwickeln sich daraus dünne, vom Stängel abstehende Schoten.

WILDES GEMÜSE Die jungen Blätter, die Blüten sowie die ganz jungen, noch weichen Schoten eignen sich fein gehackt als Beigabe für Salate und zum Würzen. Ältere Pflanzenteile sind sehr bitter.

SCHMETTERLINGE ZU BESUCH Der Aurorafalter und einige Weißlinge legen ihre Eier auf den Blättern ab. Mehrere Wildbienenarten sammeln die Pollen.

FÜR DIE WILDE ECKE

Die Knoblauchsrauke samt sehr stark aus, die jungen Pflänzchen lassen sich aber leicht auszupfen.

Aurorafalter auf Knoblauchsrauke

Knopfkraut, Franzosenkraut

Galinsoga parviflora, G. ciliata

FAMILIE: Korbblütler
BLÜTEZEIT: Juli bis Oktober
BODEN: humushaltig

TYPISCH ACKERWILDKRAUT! Da es nur ein Jahr lang lebt, muss es sich beeilen, zu wachsen, zu blühen, auszusamen und wieder zu keimen. Wer ein oder zwei Wochen im Urlaub war, wird sich wundern, woher die vielen Pflänzchen mit den kleinen Blüten plötzlich kommen. In einem naturnahen Garten, in dem kaum kahler Boden zum Aussamen einlädt, lässt es sich mit dem aus Südamerika stammenden Kraut gut leben. Die reich verzweigten Pflanzen haben gegenständige Blättern und kleine Blütenstände an verschieden langen Stängeln. Kennzeichnend sind die Blütenkörbchen mit einer Mitte aus gelben Röhrenblüten und fünf weißen, etwas auseinanderstehenden Zungenblüten.

SUPERFOOD Die Pflanze ist reich an Calcium, Eisen und Provitamin A. Junge Blätter und Blüten passen in Smoothies, Salate und Pesto, später geerntet sind sie noch in Suppen oder als Wildspinat verwertbar.

KANINCHENFUTTER Die Blüten des Knopfkrauts bestäuben sich selbst, werden aber auch von Bienen besucht. Pflanzenfresser wie Kaninchen knabbern gern an dem Kraut.

EINSAMMELN UND AUFESSEN

Das Kraut samt sich massenhaft aus. Die Pflänzchen wurzeln aber nicht tief und lassen sich daher einfach aus dem Boden ziehen. Blühende Pflanzen und Samenträger nicht überhandnehmen lassen.

In den fast geschlossenen
Blüten entfalten sich die
schwarzen Samen.

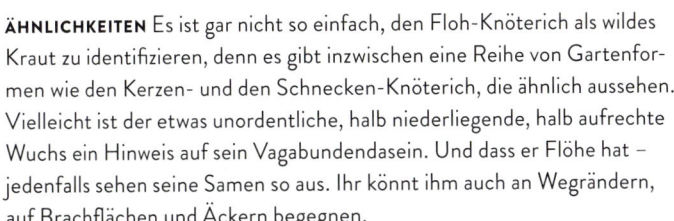

Erkennungsmerkmal

Floh-**Knöterich**

Persicaria maculosa

FAMILIE: Knöterichgewächse
BLÜTEZEIT: Juli bis Oktober
BODEN: stickstoffreich

ÄHNLICHKEITEN Es ist gar nicht so einfach, den Floh-Knöterich als wildes Kraut zu identifizieren, denn es gibt inzwischen eine Reihe von Gartenformen wie den Kerzen- und den Schnecken-Knöterich, die ähnlich aussehen. Vielleicht ist der etwas unordentliche, halb niederliegende, halb aufrechte Wuchs ein Hinweis auf sein Vagabundendasein. Und dass er Flöhe hat – jedenfalls sehen seine Samen so aus. Ihr könnt ihm auch an Wegrändern, auf Brachflächen und Äckern begegnen.

INDIVIDUALISTEN Die Blütenkerzen werden bis zu 6 cm lang und fingerdick. Sie variieren in der Farbe, es gibt Pflanzen mit grünlichen, weißen, hellrosa oder dunkelrosa Blüten. Die winzigen Einzelblüten scheinen immer geschlossen zu sein. Markantestes Merkmal der Art ist ein fast immer vorhandener brauner oder purpurroter Fleck auf jedem Blatt. Der kann blass oder kräftig ausgebildet sein und ist meist dreieckig oder herzförmig.

GRÜNER PFEFFER Die jungen Blätter schmecken pfeffrig scharf. Fein gehackt können sie sparsam zum Würzen genutzt werden.

RAUPENFUTTER Von den Blättern des Floh-Knöterichs ernähren sich die Raupen der Flohkrauteule, der Knöterich-Seidenglanzeule und anderer Schmetterlinge mit fantastischen Namen.

ÄHNLICHE ART Der Ampfer-Knöterich (*Persicaria lapathifolia*) ist sehr ähnlich, aber mit feinen, nur unter der Lupe sichtbaren Drüsen bedeckt. Er kann ebenfalls in kleinen Mengen zum Würzen verwendet werden.

SCHÖN, ABER EINNEHMEND

Entfernt den Floh-Knöterich besser, bevor er Samen bildet und sich zu breit macht!

So jung lässt er sich noch gut jäten.

NICHT ENTWISCHEN LASSEN!

Wegen seiner Ausbreitungstendenz lieber nicht im Garten dulden und auf keinen Fall in der freien Landschaft entsorgen (siehe S. 22–25).

Knöterich: Japanischer Staudenknöterich

Fallopia japonica, F. sachalinensis, F. × bohemica

FAMILIE: Knöterichgewächse
BLÜTEZEIT: Juli bis September
BODEN: feucht, auch zeitweise überstaut

INVASIV Die Dickichte des Japanischen Staudenknöterichs *(Fallopia japonica)* breiten sich entlang von naturnahen Fließgewässern so stark aus, dass heimischen Uferstauden keine Chance mehr haben. Drei sehr ähnliche Arten sind bei uns anzutreffen, die alle auf der „Schwarzen Liste" invasiver Pflanzen in der EU stehen und bekämpft werden sollen (siehe S. 18).

BAMBUSARTIG Die bis zu 4 m hohen Pflanzen haben kräftige, hohle, rot gesprenkelte Stängel, die an Bambus erinnern. Im oberen Bereich sind sie durch die abwechselnd seitlich daran sitzenden Blätter zickzackförmig hin und her gebogen. Die Blütenrispen sitzen in den Blattachseln und ragen wie Kerzen über die Zweige empor. Die Pflanzen vermehren sich durch Sprossabschnitte, die vom Wasser oder mit Erdaushub weiterverbreitet werden.

PFLANZENKRAFT Die Pflanze ist reich an Vitamin C, Provitamin A, Eisen, Kalium, Mangan und Zink. Die jungen Triebe können wie Rhabarber zubereitet werden und passen auch gut in die asiatische Küche.

FÜR HONIGBIENEN Als Spätblüher eine gute Bienenweide. Andere Insekten und Vögel meiden diese Pflanze.

Blühender Staudenknöterich in der Natur

Knöterich: Vogelknöterich

Polygonum aviculare

FAMILIE: Knöterichgewächse
BLÜTEZEIT: Mai bis September
BODEN: trocken, oft verdichtet

ÜBERLEBENSKÜNSTLER Mit seinen kleinen schmalen Blättern und den winzigen grünlich-weißen Blüten macht der Vogelknöterich nicht viel her. Dafür übersteht er Hitzeperioden mühelos und nimmt es nicht übel, wenn auf ihm herumgetrampelt wird. Kein Wunder, dass er sich in Pflasterritzen und auf Trittpfaden im Rasen besonders wohlfühlt.

KRÄFTIGE WURZEL Die Stängel des Vogelknöterichs liegen meist flach auf dem Boden. Sie werden bis zu 60 cm lang, verzweigen sich dabei immer wieder, treiben aber keine weiteren Wurzeln. Wenn ihr die Pflanze ausreißt, könnt ihr sehen, dass alle Zweige von dem einem Punkt ausgehen, an dem die kräftige bis zu 80 cm lange Wurzel beginnt. Die Blätter sitzen in kleinen häutigen, oft dunkel gefärbten Blattscheiden. Diese Blattscheiden („Knoten") sind typisch für die Familie der Knöterichgewächse.

SPATZENBROT Viele Schmetterlingsraupen ernähren sich von der Pflanze. Spatzen picken die Samen.

DUCKT SICH WEG In Pflasterritzen und in Beeten kann der an den Boden gepresste Vogelknöterich durchaus lästig werden. Da er tief wurzelt, lieber rechtzeitig ausrupfen!

FÜR HAUT UND HAAR

Junge, sorgfältig von Erde befreite Pflanzen könnt ihr für Smoothies, Salate und Wildgemüse nutzen. Die enthaltene Kieselsäure, wertvoll für Haut, Haare und Fingernägel, löst sich erst nach 20 Minuten Kochzeit.

Blattscheide und Blüte

Mit kreisenden Wachstumsbewegungen suchen die Sprossspitzen eine Stütze, an der sie emporklettern können.

Knöterich: Windenknöterich

Fallopia convolvulus

FAMILIE: Knöterichgewächse
BLÜTEZEIT: Juli bis Oktober
BODEN: eher trocken

GANZ SCHÖN CLEVER Der Windenknöterich macht sich gar nicht erst die Mühe, einen kräftigen Stängel auszubilden. Wozu gibt es schließlich andere Pflanzen, an denen man hochklettern kann. Entsprechend mühsam ist das Jäten dieser hartnäckigen, tief wurzelnden Pflanze. Denn wer nicht aufpasst, hat gleich die ganze Gartenblume in der Hand, die als Stütze gedient hat.

VERWANDTSCHAFTEN Der Windenknöterich hat pfeilförmige Blätter und sieht dadurch der Acker- und der Zaunwinde (siehe S. 138) sehr ähnlich. Nur anhand der knöterich-typischen Blattscheiden gibt er sich zu erkennen. Wenn dann die grünlich-weißen, unscheinbaren Blütenrispen erscheinen, wird der Unterschied deutlicher. Die Samen sehen aus wie kleine, geflügelte Laternen, ganz wie bei seinen Verwandten, den Ampferarten.

HOFFENTLICH ZU WENIG Die Samen des Windenknöterichs können getrocknet und zu Mehl vermahlen werden. Aber bitte nicht warten, bis er genug Samen angesetzt hat ...

BLÜMCHEN UND BIENCHEN Es gibt tatsächlich Wildbienen, die aus den winzigen Blüten trinken.

WEG MIT WINDEN!

Bekämpft den Windenknöterich von Anfang an rigoros, bevor er sich überall um die Stauden und Beerensträucher wickelt!

Jetzt rausreißen!

Kletten-**Labkraut**

Galium aparine

FAMILIE: Rötegewächse
BLÜTEZEIT: Mai bis Oktober
BODEN: stickstoffreich

ANHÄNGLICH Für ein einjähriges Kraut hat das Kletten-Labkraut ziemlich viel Power. Es kann in wenigen Wochen Hecken, Zäune oder Staudenbeete überwuchern. Stängel und Blätter sind mit feinen Stachelhärchen besetzt. Dadurch findet das „Klebkraut" überall Halt. Auch an sich selbst kann es sich festhalten und auf diese Weise dichte Lagen bilden. Und natürlich haftet es an der Kleidung und im Haar. Rings um den vierkantigen Stängel stehen die Blättchen in Quirlen. Unauffällig sind die winzigen, weißlichen Blüten mit vier Blütenblättern.

GUT FÜR DIE HAUT Die Pflanze enthält Vitamin E und Kieselsäure. Junge Triebe können blanchiert oder gedünstet in Suppen, Aufläufen oder gemischt mit anderen Kräutern als Wildspinat verwendet werden.

ALLSEITS BELIEBT Die Blüten werden von Ackerhummeln und Taubenschwänzchen besucht. Tauben fressen gern die Samen, Gänse verputzen die ganzen Pflanzen.

ABRÄUMEN Das Kletten-Labkraut bedrängt andere Pflanzen, daher nicht ungehindert wachsen lassen. Es wurzelt jedoch nicht tief, auch größere Pflanzen lassen sich noch leicht entfernen.

HAARSCHMUCK Ein kleiner Kranz ist schnell aus dem leicht haftenden Kraut gewunden und mit ein paar Löwenzahnblüten oder Gänseblümchen ist die Krone für den Wiesenkönig oder die Waldelfe gleich fertig.

Auch an Schuhen bleiben die kleinen Kletten leicht haften.

TAXI

Die kugeligen, mit hakigen Borsten besetzten Früchte bleiben am Fell von Tieren oder an Hosenbeinen hängen. Auf diese Weise werden die Pflanzen verbreitet.

vier weiße Blütenblätter

Blattquirl

Bildet breite Rosetten, daher
aus Töpfen und Beeten
durch Ausstechen der Pfahlwurzel entfernen!

Löwenzahn

Taraxacum officinale

FAMILIE: Korbblütler
BLÜTEZEIT: April bis Mai und August bis Oktober
BODEN: stickstoffreich, verdichtet, schwer

SUPERKRAUT Wenn die erste gelbe Löwenzahnblüte im Garten erscheint, geht für manche Gartenmenschen die Sonne auf. Andere nehmen sie eher als Alarmleuchte, um sofort nach dem Unkrautstecher zu greifen. Dabei gehört der Löwenzahn zu den wertvollsten Pflanzen für die menschliche Ernährung — das schrieb jedenfalls die mittelalterliche Kräuterkundige Hildegard von Bingen. In Frankreich gibt es gebleichte Löwenzahnblätter sogar auf dem Wochenmarkt. Sie heißen dort „pissenlit", also „Bettnässer", wegen ihrer entwässernden Wirkung.

JE NACH STANDORT Die gezackten Blätter stehen in einer grundständigen Rosette: Es gibt winzige Rosetten in Pflasterritzen und Riesenblätter in gedüngten Blumenkübeln. Von anderen Rosettenpflanzen ist der Löwenzahn durch die glatte, unbehaarte Blattfläche und den Milchsaft gut zu unterscheiden. Die Blüten sitzen entweder dicht am Boden, etwa auf einem viel begangenen Weg, oder auf einem langen, hohlen, ebenfalls Milchsaft führenden Stängel. Aus dem Blütenstand entwickelt sich die typische Pusteblume.

BITTER ODER SÜSS Blätter schmecken in Smoothies und im Salat, Blüten als Sirup („Löwenzahnhonig"). Die Blätter können im Frühling unter einem schwarzen Blumentopf gebleicht werden, damit sie weniger bitter sind.

MÜMMELMANNS LIEBLINGSSPEISE Bienen und kleine Käfer sammeln den Pollen. Gutes Kaninchenfutter.

Vom Löwenzahn zur Pusteblume

Kräutertees selbst mischen

WENN IHR VIELE GEEIGNETE WILDPFLANZEN IM GARTEN HABT, möchtet ihr euch vielleicht einen Vorrat für Kräutertees anlegen. Aus getrockneten Kräutern könnt ihr Mischungen für den täglichen Gebrauch oder für die unterstützende Behandlung leichter Beschwerden herstellen.

— Nur saubere Kräuter ernten. Außerdem sollten sie nicht regennass oder taunass sein, da sie dann beim Trocknen leichter schimmeln.

— Nur die Pflanzenteile ernten, die vom jeweiligen Kraut benötigt werden. Dann braucht ihr das

Sammelgut nicht mehr zu verlesen und schont nachwachsende Pflanzen.

— Kräuter gut abschütteln. Dadurch werden kleine Insekten entfernt, die vielleicht noch darauf herumkrabbeln. Nicht waschen! Dann auf einem sauberen Küchentuch ausbreiten und an einem warmen luftigen Ort, nicht in direkter Sonne, trocknen. Das dauert ein paar Tage. Lieber etwas länger warten, um sicher zu gehen, dass sie ganz trocken sind.

— Danach könnt ihr die Kräuter entweder fein mit einer Schere zerschneiden oder in ein Küchentuch wickeln und rollen oder kneten, um sie zu zerbröseln. Wenn es dabei knistert und raschelt, sind die Kräuter richtig trocken.

— Eure „Drogen" – so heißen getrocknete Kräuter in der Apotheken-Fachsprache tatsächlich – bewahrt ihr in einer lichtundurchlässigen Dose auf.

Frühjahrskur mit Brennnesseltee

1 bis 2 EL getrocknete, fein geschnittene Brennnesselblätter mit 200 ml kochendem Wasser übergießen. 10 Minuten ziehen lassen, abseihen. 4 Wochen lang 2 Tassen täglich trinken. Zusätzlich möglichst jeden Tag 1 Handvoll Löwenzahnblätter, fein gehackte Knoblauchsrauke und Gänseblümchen ins Essen integrieren, am besten roh im Salat oder Smoothie.

Kräutertee für Frauen

Hirtentäschelkraut, Schafgarbenkraut und Kamillenblüten sind bei Menstruationsbeschwerden zur Selbstbehandlung geeignet.

- 15 g Hirtentäschelkraut (vor der Blüte sammeln)
- 15 g Schafgarbe (blühendes Kraut)
- 20 g Kamillenblüten
- 20 g Weiße Taubnessel (blühendes Kraut)
- 30 g Pfefferminz- oder Melissenblätter

1 EL der Mischung mit 200 ml kochendem Wasser aufgießen, 10 Minuten ziehen lassen und abseihen. 2 Tassen täglich trinken.

Kräutertee für die Verdauung

Löwenzahnblüten, Schafgarbenkraut, Braunelle und Gundermann wirken appetitanregend und helfen gegen leichte Magen-Darmbeschwerden, Kamillenblüten haben eine entzündungshemmende und blähungstreibende Wirkung.

- 15 g Löwenzahnblüten (bei Durchfall Wegerichblätter und Taubnesselkraut)
- 15 g Schafgarbe (blühendes Kraut)
- 20 g Braunelle oder Gundermann (blühendes Kraut)
- 20 g Kamillenblüten
- 30 g Pfefferminz- oder Melissenblätter

1 EL der Mischung mit 200 ml kochendem Wasser aufgießen, 10 Minuten ziehen lassen und abseihen. 2- bis 3-mal täglich 1 Tasse trinken.

Blütenstand

Niederliegendes **Mastkraut**

Sagina procumbens

FAMILIE: Nelkengewächse
BLÜTEZEIT: Mai bis September
BODEN: verdichtet, wechselfeucht

FUGENFÜLLER Dieses unscheinbare Kräutlein kriecht sozusagen unter dem Radar – meist wird es beim Fugenkratzen mit Moos oder Gras verwechselt und entfernt.

Schade, denn es kann uns durchaus nützlich sein: Bei zusagenden Bedingungen begrünt es mit seinen fein verzweigten Trieben die Fugen, ohne tief einzudringen und nimmt auf diese Weise störenden, weil höher und breiter wachsenden Wildkräutern den Platz weg. Wer das Kraut in den Fugen entdeckt, sollte es fördern, damit es die Fugen begrünt und den Aufschlag höher wachsender Kräuter verhindert.

POLSTERPFLANZE Das immergrüne, nur wenige Zentimeter hohe Kraut hat schmale Blättchen, die von den Stängeln kaum zu unterscheiden sind. Manchmal sind sie etwas fleischig, was auf ihre Trockenheitsresistenz hinweist. Die Blüten haben vier, selten fünf Kronblätter und genauso viele Kelchblätter. Die abgespreizten Kelchblätter sind auch nach dem Verblühen und nach der Samenentwicklung noch gut erkennbar.

SLOWFOOD Das winzige Kraut kann nach gründlicher Reinigung in den Salat wandern.

KLEIN, ABER FEIN Die Blüten werden von Wildbienen und kleinen Fliegen bestäubt.

HÜBSCHE SCHWESTER

Eine nah verwandte Art ist das Sternmoos (Sagina subulata). Es wird gern in Steingärten oder auf begrünten Dächern angepflanzt.

Verwandte Art

Sternmoos blüht von Juni bis August.

Schwarzer **Nachtschatten**

Solanum nigrum

FAMILIE: Nachtschattengewächse
BLÜTEZEIT: Juni bis Oktober
BODEN: stickstoffreich

GUT UND BÖSE Dieses anspruchslose, fast weltweit verbreitete Ackerwildkraut steckt voller Widersprüche, wie überhaupt seine ganze Verwandtschaft. Zu den Nachtschattengewächsen gehören nämlich die berüchtigten Zutaten der Hexensalben: Tollkirsche, Bilsenkraut, Stechapfel und Alraune. Aber auch Kartoffeln, Tomaten und Paprika sind Familienmitglieder. Wer genau hinschaut, der erkennt die Ähnlichkeit: Die kleinen weißen Blüten mit ihren gelben Staubgefäßen erinnern an Kartoffelblüten. Die schwarzen Beeren sitzen an den herabgebogenen Stängeln wie Tomaten, nur sind sie im Reifezustand schwarz glänzend. Typisch sind die dunkelgrünen Stängel und Laubblätter, die oft einen violetten oder schwärzlichen Anflug haben. Meist sind sie fein filzig behaart.

BITTE VORSICHT! In vielen Gegenden der Erde werden die reifen (!) schwarzen Beeren roh gegessen oder zu Marmelade eingekocht. Alle **grünen** Pflanzenteile enthalten giftige Alkaloide, daher ist äußerste Vorsicht geboten!

GIFTIG FÜR NUTZTIERE Kartoffelkäfer entwickelt sich an den Pflanzen. Schwebfliegen und Wildbienen besuchen die Blüten. Für Weidetiere, Kaninchen und Hühner ist das Kraut giftig.

Unscheinbar: junge Nachtschatten-Pflanze

LIEBER WEG DAMIT!

Damit keine giftigen Pflanzenteile versehentlich in die Wildkrauternte aus dem Garten gelangen können, sollte das Kraut entfernt werden, zumal es sich recht ausladend ausbreiten kann und dann fast wie ein kleiner Strauch wächst.

Typische 5-zählige Blüte der Nachtschattengewächse

FLUCH ODER SEGEN?

Wo der Horn-Sauerklee sich ausgebreitet hat und stört, könnt ihr den Boden oberflächlich auflockern und die Pflanzen samt ihrer Wurzeln entfernen. Danach andere Bodendecker pflanzen oder mulchen, damit keine weiteren Samen des Horn-Sauerklees keimen können.

Horn-**Sauerklee**

Oxalis corniculata

FAMILIE: Sauerkleegewächse
BLÜTEZEIT: Juni bis September
BODEN: verträgt Trockenheit

FUGENFÜLLER Ein winziger Glücks-
klee erscheint in einer Pflasterritze.
Niedlich! Ja, aber nur wenn ihr gern
mehr davon hättet, das Fugenkratzen
kein Problem für euch ist und ihr im
Garten keine kahlen Stellen habt.
Die liebt er nämlich und besiedelt
sie umgehend. In manchen Gärten
wird er sogar gezielt als Bodendecker
unter Kiefern oder als Beetumran-
dung angesiedelt.

Wald-Sauerklee

DEKORATIV Die herzförmigen Blätt-
chen stehen immer zu dritt am Blattstiel. Es gibt Varianten mit grünen
oder mit dunkel purpurfarbenen Blättern. Der Stängel wächst niederliegend und treibt weitere Wurzeln. Die kleinen gelben Blüten leuchten vor
dem Hintergrund purpurfarbener Blätter besonders schön. Bald entwickeln sich die länglichen Samenkapseln, aus denen die Samen meterweit
hinausgeschleudert werden.

GIB SAURES! Der Horn-Sauerklee schmeckt so, wie er heißt. Er enthält Oxalsäure und ist, genau wie der sehr ähnliche Aufrechte Sauerklee
(*Oxalis stricta*) und der heimische Wald-Sauerklee (*Oxalis acetosella*), in
geringen Mengen essbar.

AMEISENSPEISE Die Samen besitzen ein eiweißhaltiges Anhängsel und
werden gern von Ameisen weggetragen. Schwebfliegen und Schmetterlinge bestäuben die Blüten.

Acker-**Schachtelhalm**

Equisetum arvense

FAMILIE: Schachtelhalmgewächse
BLÜTEZEIT: keine Blüten, Sporenstände von März bis Mai
BODEN: verdichtet, schwer, nach Einsatz von Pflanzenschutzmitteln

URWELTPFLANZE Schachtelhalme gab es schon zu Zeiten der Dinosaurier. In den Wäldern der Kohlezeit wuchsen sogar riesige, baumförmige Schachtelhalme. Da können wir direkt froh sein, dass die Relikte heute relativ bescheiden daherkommen.

WEDER BLÄTTER NOCH BLÜTEN Schachtelhalme sind Sporenpflanzen, wie Farne und Moose. Der feine Sporenstaub dient der direkten Vermehrung, ohne Bestäubung und Samenbildung. Im Garten entdecken wir meist grüne, quirlförmig verzweigte Triebe – mal niederliegend, mal aufrecht wie kleine Tannenbäume. Im Frühjahr sind manchmal auch die braunen Sporenträger zu finden: unverzweigte Halme mit einer Ähre am Ende.

GEFÜRCHTET VON KLEINEN UND GROSSEN TIEREN Schachtelhalme enthalten Kieselsäure. Als Jauche oder Brühe angesetzt, sind sie ein gutes Vorbeugungsmittel gegen Pflanzenschädlinge. Die Kieselsäure wird in die begossenen Pflanzen eingelagert und macht sie widerstandsfähig. Für Weidetiere ist die Pflanze giftig.

RAUS DAMIT! Boden auflockern, durch Kompost verbessern und bei Bedarf kalken, die Ausläufer des Schachtelhalms sorgfältig entfernen. Keine „Unkrautvernichter" einsetzen! Der Schachtelhalm als Sporenpflanze ist dagegen resistent und kann sich sogar noch besser ausbreiten, wenn die Konkurrenz ausgeschaltet wurde.

BIOLOGISCHER PUTZSCHWAMM

Früher als Zinnkraut bekannt, lässt sich das spröde Kraut auch heute noch als kompostierbarer Putzschwamm einsetzen. Einfach pflücken, zu einem Knäuel formen und den Topf damit ausscheuern.

Sporenträger

Schafgarbe

Achillea millefolium

fein gefiederte Blätter

FAMILIE: Korbblütler

BLÜTEZEIT: Juni bis September

BODEN: sehr anpassungsfähig, eher auf trockenen Standorten

UNVERZICHTBAR Die Schafgarbe darf in keiner Blumenwiese fehlen. Anspruchslos wie sie ist, kommt sie mit fast jedem Boden zurecht. Auch an vielen Wegrändern blüht sie, zwischen Rotklee, Hahnenfuß und Flockenblumen. Wie der Name schon sagt, wird sie gern von Schafen gefressen – die wissen vielleicht instinktiv von der Heilwirkung des Krauts.

AUGENBRAUE DER VENUS So wurden die Blätter früher auch genannt. Sie sind gefiedert – dieser botanische Ausdruck trifft es hier besonders gut. In ganz schmale Abschnitte ist jedes Blatt aufgespalten. Beim Zerreiben könnt ihr einen bitter-aromatischen Duft wahrnehmen. Wenn ihr den mögt, nehmt das Kraut gleich mit, um es in der Küche zu verarbeiten. Der weiße, manchmal auch rosa Blütenstand sieht aus, als wäre er aus winzigen Blumensträußchen zusammengesetzt. Das sind die sogenannten Körbchen, nach denen die ganze Familie benannt ist (siehe S. 30).

FÜR FEINSCHMECKER Die fein gehackten jungen Blätter geben Kräuterbutter, Salaten, Sandwiches und Suppen einen würzigen Kick und regen die Verdauung an.

POWERPFLANZE FÜR DIE ARTENVIELFALT Schmetterlinge wie Distelfalter und Tagpfauenauge sowie über 40 Wildbienen- und Schwebfliegenarten ernähren sich von Pollen und Nektar.

Effektvoll: bunte Schafgarbe

BUNTE GARTENFORMEN

Es gibt essbare Züchtungen von *Alchemilla millefolium* in Gelb, Pink oder Rot, die sich toll im Beet machen und ebenfalls gern von Insekten besucht werden.

Scheindolde mit vielen Blütenkörbchen in einer Ebene

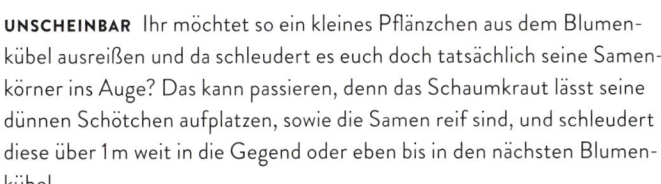

Behaartes **Schaumkraut**

Cardamine hirsuta

FAMILIE: Kreuzblütler
BLÜTEZEIT: März bis Juni
BODEN: stickstoffreich

UNSCHEINBAR Ihr möchtet so ein kleines Pflänzchen aus dem Blumenkübel ausreißen und da schleudert es euch doch tatsächlich seine Samenkörner ins Auge? Das kann passieren, denn das Schaumkraut lässt seine dünnen Schötchen aufplatzen, sowie die Samen reif sind, und schleudert diese über 1 m weit in die Gegend oder eben bis in den nächsten Blumenkübel.

GESUND UND SCHARF Das Behaarte Schaumkraut hat vier kleine weiße Blütenblätter, die sich kreuzweise gegenüberstehen. Die Blätter sind gefiedert und schmecken kresseartig scharf. Sie enthalten Senfölglycoside. Beim Zerschneiden oder Zerkauen entwickeln sich daraus Senföle, die leicht antibiotisch wirken und das Immunsystem anregen können, etwa bei Erkältungskrankheiten im Frühjahr. Die Blättchen können fein gehackt zum Würzen von Salaten, Kräuterbutter und Quark verwendet werden.

FÜR INSEKTEN NICHT ZU KLEIN Manchmal besuchen Wildbienen oder Kohlweißlinge die Pflanze.

DIE GROSSE SCHWESTER Das Wiesen-Schaumkraut (*Cardamine pratensis*) ist insgesamt kräftiger. Es hat größere, helllila Blüten und wächst auf feuchten Wiesen. Es kann ebenso verwendet werden.

VORHUT AUF DEM BEET

Das Behaarte Schaumkraut nutzt die ersten Frühlingswochen für seinen kurzen Lebenszyklus und ist meist schon weg, wenn andere Pflanzen den Platz brauchen. Die kleinen Rosetten einfach abernten und das Kressearoma genießen.

So klein, so fein!

Schöllkraut

Chelidonium majus

FAMILIE: Mohngewächse
BLÜTEZEIT: Mai bis Oktober
BODEN: stickstoffreich

GELBE BLÜTEN Noch ein Stickstoffzeiger, der in den letzten 20 Jahren stark zugenommen hat. An Mauern, auf Schuttplätzen und an Waldrändern ist dieses Kraut häufig zu finden. Bei Regen fallen die grau-grünen Blätter besonders auf. Sie sind durch eine Wachsschicht wasserabweisend, die Tropfen perlen dekorativ davon ab. Das Schöllkraut offenbart seine Verwandtschaft mit dem Mohn durch die zarten Blütenblätter, die leicht abfallen. Die bis zu 5 cm langen, dünnen Schoten springen längs auf und entlassen viele kleine schwarze Samen. Ein ölreiches Anhängsel lockt Ameisen an, die die Samen forttragen und verbreiten.

NICHT ESSEN! Die ganze Pflanze enthält giftige Alkaloide.

BIENENTAUGLICH Die Blüten werden von einigen Wildbienen besucht.

VORSICHT, FÄRBT AB! Das Kraut darf an Mauern oder am Gehölzrand in Maßen wachsen. Vorsicht beim Jäten: Der orangefarbene Milchsaft verfärbt die Kleidung und lässt sich nicht auswaschen.

Jede Verletzung der Pflanze lässt den Milchsaft hervorquellen.

WEG MIT DEN WARZEN

Bekannt ist das Kraut wegen seines Einsatzes in der Volksheilkunde: Blätter und Stängel enthalten einen orangefarbenen Milchsaft, der auf die betroffenen Stellen aufgetragen werden soll – allerdings täglich über mehrere Wochen und nicht immer mit Erfolg.

vier Blütenblätter

junge Schote

ACH, DAHER DER NAME!

Die Früchte des Storch-
schnabels sehen tatsächlich
wie lange Schnäbe ausl.

Stinkender **Storchschnabel**

Geranium robertianum

FAMILIE: Storchschnabelgewächse
BLÜTEZEIT: April bis Oktober
BODEN: fast auf jedem Boden

RUPRECHTSKRAUT Das ist ein alter, schönerer Name für den Stinkenden Storchschnabel. Ob die weich behaarten Blätter beim Zerreiben wirklich stinken, darüber gibt es verschiedene Meinungen, jedenfalls verströmen sie einen eigenartigen, strengen Geruch. Die anpassungsfähigen Pflanzen sind an schattigen Waldwegen genauso zu finden wie im Schotter der Bahngleise, auf Mauern oder im Garten. In voller Sonne ist die ganze Pflanze oft rötlich überlaufen. An trockenen, mageren Standorten bleibt sie wenige Zentimeter klein, während sie an gut gedüngten Stellen im Garten auch mal 60 cm hoch werden kann. Die Pflanze darf am Gehölzrand, auf Dächern und Mauern wachsen. Die kleinen rosa Blüten und die Blattform lassen die Verwandtschaft mit den Geranien erkennen.
WER'S MAG … Blätter und Blüten sind ungiftig, werden aufgrund des eigenwilligen Aromas aber kaum verwendet.
INSEKTENFREUNDLICH Die Blüten werden von Wildbienen besucht.
KLEINE, WILDE VERWANDTE Schlitzblättriger Storchschnabel (*Geranium dissectum*) und Weicher Storchschnabel (*Geranium molle*) kommen in ungedüngtem Rasen vor. Reiherschnabel (*Erodium cicutarium*), der an Wegrändern, auf Pferdeweiden und in mageren Wiesen anzutreffen ist, hat längliche, gefiederte Blätter.

Rote **Taubnessel**

Lamium purpureum

FAMILIE: Lippenblütler
BLÜTEZEIT: März bis Oktober
BODEN: stickstoffreich

FRÜHBLÜHER Die bis zu 30 cm große Rote Taubnessel ist in den letzten Jahren häufiger geworden. Immer früher blüht sie in Gärten, auf Äckern und Schuttplätzen – in frostfreien Wintern sogar noch zu Weihnachten. Die frühe Blüte ist fantastisch für Hummeln, die mit ihrem dicken Pelz meist vor den Bienen mit dem Ausschwärmen beginnen.

TAUBE NESSEL Die Blätter dieser Nessel brennen nicht, daher der Name. Sie sitzen am vierkantigen Stängel paarweise gegenüber. Nach oben hin werden sie immer kleiner und sind oft lilarot getönt. In den Achseln der oberen Blätter sitzen die Blüten, die – wie bei dieser Pflanzenfamilie üblich – eine Oberlippe und eine Unterlippe haben. Die Oberlippe ist helmförmig gewölbt, die Unterlippe gespalten.

LECKER Von allen Taubnesselarten können die jungen Blätter und Triebe, auch mit Blüten, für Smoothies, Suppen und Aufläufe verwendet werden. Sie sind leicht zu ernten und schmecken sehr mild. Die Blüten schmücken Salate und Sommerdrinks.

GUT FÜR ALLE Wo viele Taubnesseln blühen, kehren die Hummeln gern ein. Lasst das insektenfreundliche und gesunde Kraut einfach wachsen und erntet es gelegentlich ab.

Verwandte Art

Weiße Taubnessel (links) und Brennnessel (rechts)

HEILKRÄFTIGE SCHWESTER

Weiße Taubnesseln (Lamium album) sind größer und ähneln noch stärker den Brennnesseln, mit denen sie oft zusammen an Wegrändern und Hecken wachsen.

runzelige Blätter
mit gekerbtem Rand

Smoothies

MIT SMOOTHIES KANNTE ICH MICH BISHER NICHT AUS, diese Wissenslücke musste unbedingt geschlossen werden. Anfang März schaute ich im Garten nach, ob schon etwas Essbares gesprossen war. Viel Löwenzahn, winzige Gierschblättchen und jede Menge Silber-Goldnessel. Rein in den Mixer, Obst und Gemüse dazu, Wasser, Zitronensaft, etwas Honig und „Full Power". Der zart schäumende Mix, der 1 Minute später mein Glas füllte, war eine Offenbarung! Herrlich frisch, etwas sämig und überhaupt nicht bitter – der Auftakt zu täglichen Experimenten. Man liest übrigens oft, dass man für Kräutersmoothies unbedingt einen Hochleistungsmixer bräuchte. Kann ich nicht bestätigen. Ein Mixer mit 400 Watt bringt bereits sehr gute Ergebnisse.

Immer frisch genießen!

Wenn ein Smoothie länger steht, setzt sich Flüssigkeit ab, die sich schnell braun verfärbt. Das ist ein Zeichen dafür, dass wertvolle Inhaltsstoffe sich unter Sauerstoffeinfluss zersetzen. Auch der Geschmack leidet. Der Kräutermix verdirbt leider schnell, wenn er nicht erhitzt wird.

Grundrezept

- 10 bis 20 g frische Wildkräuter, grob mit der Schere zerschnitten
- 100 g Obst und Gemüse, in Stücke geschnitten
- 100 bis 150 ml Wasser
- 1 Spritzer Zitronen- oder Limettensaft
- ½ TL Honig oder Agavendicksaft
- 1 TL kalt gepresstes, geschmacksneutrales Pflanzenöl, z. B. Rapsöl mit hohem Anteil an Omega-3-Fettsäuren

Erst die Kräuter, dann das Obst und die übrigen Zutaten in den Mixer geben. Kurz anmixen, dann 1 Minute auf höchster Stufe weitermixen. In ein Glas gießen und sofort genießen. Das Öl kann auch erst im Trinkgefäß untergerührt werden, dann lässt sich der Mixer leichter reinigen. Smoothies sind sozusagen Trinknahrung. Daher bitte nicht herunterkippen, sondern Schluck für Schluck „kauen", weil der Speichel wichtige Verdauungsenzyme enthält. Wem das schwerfällt, kann dazu einfach eine kleine Scheibe Butterbrot essen.

MÄRZ: FIRST FLUSH

First Flush heißt die erste Teeernte im Jahr, bei der die zarten neuen Triebe gepflückt werden – wie bei meinen ersten Smoothies.
10 g junge Blättchen und Triebe von Löwenzahn, Taubnessel, Sauer-Ampfer (oder Blut-Ampfer), Giersch, Tellerkraut, Behaartes Schaumkraut, ½ Apfel mit Schale, 10 cm langes Stück Staudensellerie, 1 kleines Stück Gurke mit Schale. Rest wie im Grundrezept.

APRIL: TREE TIME

Jetzt treiben die Bäume und Sträucher aus. Holt euch diese Power in euren Drink!
10 bis 20 g junge Blättchen von Löwenzahn, Giersch, Sauer-Ampfer, Himbeer- und Brombeerblätter, Blättchen von Feld-Ahorn, Weißdorn, Linde oder (Blut-)Hasel, 2 bis 3 junge Fichtensprossen, ½ Birne, 1 Stückchen Fenchelknolle, 1 kleine Möhre. Rest wie im Grundrezept.

MAI: SPICY GARDEN

Giersch und Löwenzahn haben jetzt kaum noch zarte junge Blätter. Inzwischen sind aber die Gartenkräuter ausgetrieben. Macht euch einen minzigen, zitronigen oder scharfen Mix ganz nach eurem Geschmack.
10 bis 20 g junge Blättchen von Berufkraut, Vogelmiere, Kletten-Labkraut, Goldrute, Schafgarbe, Weidenröschen, Hohlzahn. Einige Blättchen von Minze, Zitronen-Melisse, Oregano, Anis-Kerbel, Ysop, Eberraute oder Zitronen-Thymian, 1 kleines Stückchen Ingwerwurzel, geschält und grob zerschnitten, etwas Pfeffer oder Chili, 4 bis 5 Erdbeeren, etwas weiche Avocado. Rest wie im Grundrezept.

NICHT ENTWISCHEN LASSEN!

Wenn sich die leckere Salatpflanze spontan bei euch ansiedelt, probiert sie in der Küche aus! Bitte keine Samenträger in der Natur entsorgen, das Tellerkraut könnte dort heimische Pflanzen verdrängen.

Tellerkraut

Claytonia perfoliata

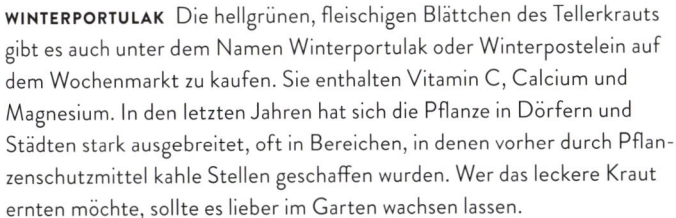

FAMILIE: Quellkrautgewächse
BLÜTEZEIT: März bis Juni
BODEN: eher nährstoffreich

WINTERPORTULAK Die hellgrünen, fleischigen Blättchen des Tellerkrauts gibt es auch unter dem Namen Winterportulak oder Winterpostelein auf dem Wochenmarkt zu kaufen. Sie enthalten Vitamin C, Calcium und Magnesium. In den letzten Jahren hat sich die Pflanze in Dörfern und Städten stark ausgebreitet, oft in Bereichen, in denen vorher durch Pflanzenschutzmittel kahle Stellen geschaffen wurden. Wer das leckere Kraut ernten möchte, sollte es lieber im Garten wachsen lassen.

UNVERWECHSELBAR Die breiten, spatelförmigen Blätter sitzen an langen, saftigen Stielen. Oben am Blütenstängel sind zwei Blätter zusammengewachsen und bilden einen Kragen. In der Mitte erscheinen erst einzelne kleine weiße Blüten, wie Blumensträußchen in einer grünen Manschette. Später streckt sich der Blütenstand zu einer langen Rispe. Nach der Blüte stirbt die Pflanze ab. Die Pflanze gehört zu den Kaltkeimern. Frische Pflänzchen gibt es daher nur von Herbst bis Frühsommer.

ROHKOST ROCKT Die kleinen Blätter passen roh in Smoothies, in Salate oder auf Sandwiches. Da sie etwas fleischig sind, welken sie nicht so schnell und eignen sich auch toll zur Dekoration.

MANCHMAL ANGEKNABBERT Einige Schmetterlingsraupen fressen von den Blättern.

Wintersalat

Vogelmiere

Stellaria media

FAMILIE: Nelkengewächse
BLÜTEZEIT: fast ganzjährig, je nach Witterung
BODEN: humus- und nährstoffreich

FLACHWURZLER Wie eine leichte Decke legt sich die Vogelmiere über das frisch bestellte Gemüsebeet. Humusboden ist ihr Lieblingsgericht. Tiefe Wurzeln benötigt sie nicht, die Nährstoffe sind an solchen Standorten leicht verfügbar. Wenn ihr sie findet, könnt ihr sicher sein, dass ihr einen guten Gartenboden habt. Die Vogelmiere schützt den wertvollen Humusboden, ohne ihn tief zu durchwurzeln. Wenn die Fläche für Gemüsepflanzen oder eine andere Nutzung benötigt wird, könnt ihr die Pflänzchen ganz leicht vom Beet abräumen und für die nächste Mahlzeit verarbeiten.

ALLERWELTSKRAUT Ovale, leicht zugespitzte Blätter sitzen sich am Stängel gegenüber. Die Blüten haben fünf weiße Blütenblätter, die tief gespalten sind, sodass es aussieht, als wären es zehn.

DA HABEN WIR DEN SALAT! Vogelmiere enthält besonders viel Provitamin A, Kalium und Eisen. Die ganze Pflanze mit Blättern, Stängeln und Blüten kann frisch geerntet in Salate oder Smoothies gegeben werden. Vorher waschen und die unteren Stängelabschnitte mit feinen Wurzeln und vergilbten Blättchen entfernen!

DER NAME IST PROGRAMM Die Samen werden gern von Vögeln gefressen. Wildvögel, aber auch Wellensittiche freuen sich darüber.

Wraps mit Gemüse und Vogelmiere

TYPISCH

Die ganze Pflanze ist kahl bis auf eine feine Haarreihe, die sich den Stängel herabzieht. Diese „Wimpern" sind das wichtigste Unterscheidungsmerkmal zu ähnlichen Kräutern wie Hornkraut, Pfennigkraut oder Ehrenpreis.

Blatt mit deutlicher Mittelrippe und einer kleinen Spitze

Breit-**Wegerich**

Plantago major

FAMILIE: Wegerichgewächse
BLÜTEZEIT: Juni bis Oktober
BODEN: auf verdichteten Trittflächen

FUSSTAPFEN DES WEISSEN MANNES So nannten die Ureinwohner Nordamerikas den Breit-Wegerich, da seine Samen an den Fußsohlen der Europäer über das Meer gelangten. Den Namen Wegerich hat er daher, dass er äußerst trittfest ist. Sogar auf Trampelpfaden, Spiel- oder Fußballplätzen hält er durch. Flach an den Boden drückt der Breitwegerich seine zähe Blattrosette. Die Blätter sind gut sichtbar von Blattnerven durchzogen, die beim Abreißen eines Blattes noch aus dem Stiel heraushängen. Der Blütenstand ist ein langes, dünnes „Würstchen", an dem die Blüten kaum auffallen.

BITTE KLEIN SCHNEIDEN! Sehr junge Blätter sind roh, ältere Blätter gekocht genießbar. Da die Blattrippen ziemlich zäh sind, sollten die Blätter quer zur Rippe fein geschnitten werden. Die Blätter sind als blutstillendes, juckreizlinderndes Wundpflaster bekannt. Dazu werden sie zerrupft, damit der Saft austreten kann, und dann auf den Mückenstich oder die Schürfwunde gelegt.

VOGELFUTTER Die Samenstände sind bei Vögeln beliebt und können auch an Ziervögel verfüttert werden.

Blattrückseite
mit hervortretenden
Blattnerven

WEGWEISEND

Kommt im Garten auf stark zertretenen, verdichteten Flächen vor. Manchmal ist es sinnvoll, an solchen Stellen einen Weg mit Häcksel oder Trittplatten anzulegen.

Blütenähren

WALZENFÖRMIGE BLÜTEN

Die Blütenähren tragen einen hellen Kranz aus Staubgefäßen, wie einen Heiligenschein.

Spitz-**Wegerich**

Plantago lanceolata

FAMILIE: Wegerichgewächse
BLÜTEZEIT: Mai bis September
BODEN: keine besonderen Ansprüche

WEIT VERBREITET Auf Wiesen und Weiden, in Gärten und Parks und an gelegentlich gemähten Wegrändern könnt ihr den Spitz-Wegerich finden. Er ist kein typisches „Unkraut", sondern eine ausdauernde Wiesenpflanze. In einer Blumenwiese oder im Übergang zwischen Sträuchern und Rasen ist er willkommen.

WIE KLEINE LANZEN Die Blätter stehen in einer Rosette und sind lang, schmal und zugespitzt, „lanzettlich", wie es botanisch heißt. Gut erkennbar sind die parallel verlaufenden Blattnerven. Die kurzen, eiförmigen Blütenähren sind erst grün, dann braun, von den Blüten sieht man eigentlich nur die heraushängenden blassgelben Staubgefäße.

LECKER UND GESUND Die Pflanze ist reich an Vitamin C, Kalium und Zink. Sehr junge, kleingeschnittene Blätter und unreife Blütenähren passen in Wildspinat und Kräutersuppen. Bei längerem Garen entwickelt sich ein feines Pilzaroma. Aus den kleingeschnittenen Blättern kann ein Hustensirup hergestellt werden.

INSEKTENFREUNDLICH Hummeln besuchen gern die Blüten.

VERWANDTSCHAFT Eine ähnliche, genauso verwendbare Art ist der Mittlere Wegerich *(Plantago media)*. Er hat auffällige Blütenkerzen, die Blätter sind breiter, ungestielt und überlappen sich in der bodenständigen Rosette fächerförmig.

Die Blätter eignen sich auch als Wundpflaster und gegen Juckreiz bei Insektenstichen.

Kleinblütiges **Weidenröschen**

Epilobium ciliatum, E. montanum, E. parviflorum

FAMILIE: Nachtkerzengewächse
BLÜTEZEIT: Juni bis September
BODEN: mäßig nährstoffreich

VIELFÄLTIG Es gibt mehrere sehr ähnliche kleinblütige Weiden-röschenarten, die im Garten, an Straßenrändern oder auf Brach-flächen auftauchen. Die solltet ihr ausreißen, bevor sie aussamen.

ENGELSHAAR „Röschen" ist etwas übertrieben, aber die Blütenfarbe ist immerhin rosa. Unter den Blütenblättern scheint der Stängel verdickt zu sein. Tatsächlich ist das eine lange Kronröhre, die noch zur Blüte gehört und aus der sich die längliche Kapselfrucht entwickelt. Wenn sie auf-springt, entlässt sie jede Menge Samen, die wie Engelshaar aussehen und mit ihren langen seidigen Anhängseln davonfliegen.

WERTVOLL Die jungen Blätter und Triebe aller Weidenröschenarten sind essbar. Allerdings sind die kleinblütigen Arten wenig ergiebig.

INSEKTENNAHRUNG Wildbienen, Schmetterlingsraupen und Käfer mögen Blüten und Blätter.

Verwandte Art

Schmalblättriges Weidenröschen

GRÖSSERE BLÜTEN

In naturnahe Gärten passt das Schmalblättrige Weidenröschen (Epilobium angustifolium). Es hat große, dekorative Blütenkerzen und ist als Beetstaude auch in einer weiß blühenden Form erhältlich. Es gehört zu den besonders leckeren Wildgemüsearten und ist leicht zu verarbeiten.

Unter jeder Blüte oder Samenkapsel befindet sich ein schmales Tragblatt.

Garten-**Wolfsmilch**

Euphorbia peplus

FAMILIE: Wolfsmilchgewächse
BLÜTEZEIT: Mai bis November
BODEN: mäßig nährstoffreich, auch im Halbschatten

BUNTER HAUFEN Der bekannte Weihnachtsstern gehört zu den Wolfsmilchgewächsen, einige dickfleischige Hungerkünstler, viele dekorative Gartenpflanzen und eben auch die Garten-Wolfsmilch. Allen gemeinsam ist der klebrige Milchsaft, der Harz und Kautschuk enthält. Vorsicht! Der Milchsaft ist giftig und kann zu Hautreizungen führen. Die unauffälligen Blüten sind von farbigen oder besonders gestalteten Hochblättern umgeben.

Halbmondförmige Nektardrüsen umgeben die Blüte.

RASANT Die Garten-Wolfsmilch ist im Garten, auf dem Acker, auf Friedhöfen, Schuttplätzen und am Straßenrand zu Hause. Eilig wächst sie heran, blüht und schleudert ihre Samen aus. Oft schafft sie zwei Generationen im Jahr, sodass kleine Herden von Keimlingen neben bis zu 30 cm hohen, blühenden Pflanzen stehen. Die hellgrünen, weichen Blätter sind eiförmig oder fast rund. Der Blütenstand ist von zugespitzten Hochblättern umgeben. Typisch sind die halbmondförmigen Nektardrüsen.

AMEISENSPEISE Die Samen haben ein eiweißreiches Anhängsel und werden gern von Ameisen verschleppt. Kleine Fliegen bestäuben die Garten-Wolfsmilch.

LIEBER BLUMEN PFLANZEN!

Die Pflanzen wurzeln nicht tief, aber die Samen werden weit geschleudert. Die Pflanzen mit Gartenhandschuhen auszupfen, um Platz für Wildgemüse oder Blumen zu schaffen!

Brutzwiebeln

Verwandte Art

Leckere Zwiebelpflanze: Bärlauch

Wunderlauch

Allium paradoxum

FAMILIE: Amaryllisgewächse
BLÜTEZEIT: April bis Mai
BODEN: normal, durchlässig

SELTSAMER LAUCH Das ist ein weiterer Name dieser Pflanze, wohl deshalb, weil sich direkt am Stängel noch während der Blütezeit kleine Brutzwiebeln bilden, mit denen sich die Pflanze ungehemmt vermehrt. Von Jahr zu Jahr erobert sie eine größere Fläche, die sie mit langen, bogig überhängenden Blättern vollständig bedeckt. Und nicht nur das: Durch verschleppte Brutzwiebeln taucht die Pflanze ständig an neuen Stellen auf, oft erst einmal heimlich unter den Blättern von Bodendeckern, um diese dann zu verdrängen. Von seiner Ausbreitungstendenz abgesehen ist der kleine Lauch sehr hübsch, mit lang gestielten, herabhängenden Blütenglocken, die alle einem Punkt am Ende des dreikantigen Stängels entspringen.

INSEKTENBESUCH Manchmal fliegen Schwebfliegen die Blüten an.

VORSICHT, INVASIV! In einem naturnahen Garten ist es fast unmöglich, den Wunderlauch wieder loszuwerden. Bitte nicht bewusst anpflanzen – und wenn's passiert ist: Sorgfältig entfernen und auf keinen Fall in der freien Landschaft entsorgen!

KÜCHENTAUGLICH

Blätter und Zwiebeln des Wunderlauchs sind in der Küche verwertbar. Sie besitzen das gleiche Laucharoma wie der nah verwandte Bärlauch. Dieser unterscheidet sich durch breitere Blätter und eine regelmäßig aufgebaute Blütendolde mit aufrechten Einzelblüten.

Zaunwinde

Calystegia sepium

FAMILIE: Windengewächse
BLÜTEZEIT: Juni bis September
BODEN: stickstoffreich

MUTTERGOTTES-TRINKGLAS So hieß die Zaunwinde in manchen Gegenden, aber auch Teufelsnähgarn. Damit ist das Wichtigste gesagt: Die Pflanzen besitzen große weiße Trichterblüten und die Eigenschaft, alles niederzuringen, was zunächst als Stütze gedient hat. Von Natur aus sind sie in flussnahen Wäldern und Ufergebüschen zu Hause. Über unsere Hecken und Gartenzäune klettern sie mühelos. Himbeertriebe und Rosenbeete werden zunächst unauffällig von unten durchwachsen. Wenn die Winden schließlich die Oberhand gewonnen haben, suchen ihre Triebe im Uhrzeigersinn kreisend nach neuen Stützhilfen und umwickeln sich notfalls gegenseitig, bis ein undurchdringliches Stängelgewirr entsteht.

NICHT FÜR DEN TELLER! Da die Zaunwinde schwach giftige Alkaloide enthält, gehört sie nicht ins Essen.

TIERFREUNDE Einige Hummelarten sammeln die Pollen und sorgen für Bestäubung. Die Raupen des Windenschwärmers (Nachtfalter) fressen die Blätter. Bei Kaninchen soll die Zaunwinde gegen Verstopfung helfen.

HARTNÄCKIG UND KLEBRIG Sie wurzelt bis zu 150 cm tief – unbedingt frühzeitig und gründlich entfernen! Dazu reißt man die Stängel immer wieder möglichst dicht über dem Boden ab, bis die Pflanze keine Kraft mehr hat, aus der Wurzel neu auszutreiben. Gartenhandschuhe anziehen – die Stängel enthalten einen klebrigen Milchsaft!

ÄHNLICH, ABER VIEL KLEINER

Die verwandte Ackerwinde (Convolvulus arvensis) kann durchaus die gleichen Probleme im Garten bereiten wie die Zaunwinde. Sie kommt eher auf trockenen Böden und sogar im Dünensand vor. Ihre Blütentrichter sind zart rosa gestreift und duften nach Marzipan.

Verwandte Art

Ackerwinde

Zaunwindenblüte

Lesetipps und Links

BÜCHER ZUM WEITERLESEN
- Rudi Beiser: **Unsere essbaren Wildpflanzen.** Kosmos
- Anke Höller, Doris Grappendorf: **Essbare Wildsamen.** Ulmer
- Gerda Holzmann: **Gesunde Wildkräuter aus meinem Garten:** Erkennen. Vermehren. Nutzen. Löwenzahn
- Simone Kern: **Der antiautoritäre Garten.** Gärten, die sich selbst gestalten. Kosmos
- Rita Lüder: **Grundkurs Pflanzenbestimmung:** Eine Praxisanleitung für Anfänger und Fortgeschrittene. Quelle & Meyer
- Bärbel Oftring: **Wird das was oder kann das weg?** Kosmos
- Ingrid und Peter Schönfelder: **Der Kosmos Heilpflanzenführer.** Kosmos
- Margot und Roland Spohn: **Was blüht denn da?** Kosmos

PFLANZENBESTIMMUNGS-APPS
- Flora Incognita
- Pl@ntNet

GARTENPRAXIS
- www.bodenanalyse-zentrum.de/
- www.gartenakademie.rlp.de/ Gartenakademie/Themen/Boden-und-Pflanze/Bodenuntersuchung
- www.raiffeisen-laborservice.de/ boden/gartenbau/bodenanalysen-gartenbau
- www.umweltberatung.at/blumen-rasen

WILDKRÄUTER
- www.kostbarenatur.net
- www.naturadb.de
- www.smagy.de
- www.wilderwegesrand.de

ARTENVIELFALT
- www.nabu.de/tiere-und-pflanzen/ artenschutz/invasive-arten/ unionsliste.html

ZEIGERWERTE
- www.bluehende-heimat.de/ wp-content/uploads/2021/02/ ellenberg_V3.0.pdf

Dank

Ganz herzlich bedanke ich mich bei meiner Lektorin Carolin Küßner für die spannende gemeinsame Arbeit an dem Buch, bei Ulrich Meyer-Spethmann für die Klärung besonders kniffliger botanischer Fragen, bei Katharina Lorenz-Cegla für ihre Tipps zu den grünen Smoothies und bei meinem Mann Gerd für unseren wundervollen wilden Garten, der mir viele Fotos und jeden Tag eine Handvoll Kräuter für einen Powerdrink schenkt.

Register

BILDNACHWEIS

IMPRESSUM

Umschlaggestaltung von GRAMISCI Editorialdesign/Stefanie Wawer unter Verwendung von vier Farbfotos von Adobe Stock/Darlya (Umschlagvorderseite unten: Spitz-Wegerich), Mauritius Images/Pitopia/filmfoto (Umschlagvorderseite links: Brennnessel), Shutterstock/Tatiana Volgutova (Umschlagvorderseite oben: Hahnenfuß) sowie iStock/chrupka (Umschlagrückseite: Gänseblümchen).

Mit 212 Farbfotos.

Unser gesamtes Programm finden Sie unter **kosmos.de**
Über Neuigkeiten informieren Sie regelmäßig unsere
Newsletter, einfach anmelden unter **kosmos.de/newsletter**

Gedruckt auf chlorfrei gebleichtem Papier
© 2025, Franckh-Kosmos Verlags-GmbH & Co. KG,
Pfizerstraße 5–7, 70184 Stuttgart
kosmos.de/servicecenter
Alle Rechte vorbehalten
Wir behalten uns auch die Nutzung von uns veröffentlichter Werke
für Text und Data Mining im Sinne von § 44b UrhG ausdrücklich vor.
ISBN 978-3-440-18051-8
Redaktion: Carolin Küßner
Gestaltungskonzept: Gramisci Editorial Design, München
Gestaltung und Satz: Katrin Kleinschrot
Produktion: Klaus Jost
Druck und Bindung: Longo AG, Bozen
Printed in Italy / Imprimé en Italie

FSC
www.fsc.org
MIX
Papier | Fördert
gute Waldnutzung
FSC® C023164

**Ihre Themen
— Unser Newsletter**

Sie möchten regelmäßig aktuelle Neuigkeiten, Informationen und Angebote zum Thema Garten erhalten?

**Fundiert recherchiert — Wissen aus der Praxis
Alles Wichtige auf einen Blick**

Dann melden Sie sich jetzt für unseren Newsletter an.

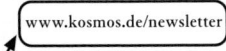

www.kosmos.de/newsletter

Wildkrautampel – alle Blätter auf einen Blick

Hier gehts weiter ...

● **Knöterich:** Flohknöterich

● **Knopfkraut**

● **Knöterich:** Vogelknöterich

● **Knöterich:** Japanischer Staudenknöterich

● **Knöterich:** Windenknöterich

● Kletten-**Labkraut**

● **Löwenzahn**

● Niederliegendes **Mastkraut**